FREMDSPRACHENTEXTE · FRANZÖSISCH

Albert Camus

L'Hôte
Le Premier Homme

Extraits d'un roman inachevé

Herausgegeben von
Karl Stoppel

Reclam

Diese Ausgabe darf nur in der Bundesrepublik Deutschland, in Österreich und in der Schweiz vertrieben werden.

Vente autorisée en Allemagne, Autriche et Suisse uniquement.

Zu Camus *L'Hôte* gibt es bei Reclam einen *Lektüreschlüssel XL für Schülerinnen und Schüler* (Nr. 15471).

RECLAMS UNIVERSAL-BIBLIOTHEK Nr. 9041
1997 Philipp Reclam jun. GmbH & Co. KG,
Siemensstraße 32, 71254 Ditzingen

Druck und Bindung: Eberl & Koesel GmbH & Co. KG,
Am Buchweg 1, 87452 Altusried-Krugzell
Printed in Germany 2022
RECLAM, UNIVERSAL-BIBLIOTHEK und
RECLAMS UNIVERSAL-BIBLIOTHEK sind eingetragene Marken
der Philipp Reclam jun. GmbH & Co. KG, Stuttgart
ISBN 978-3-15-009041-1
www.reclam.de

L'Hôte

L'instituteur regardait les deux hommes monter vers lui. L'un était à cheval, l'autre à pied. Ils n'avaient pas encore entamé le raidillon abrupt qui menait à l'école, bâtie au flanc d'une colline. Ils peinaient, progressant lentement dans la neige, entre les pierres, sur l'immense étendue du haut plateau désert. De temps en temps, le cheval bronchait visiblement. On ne l'entendait pas encore, mais on voyait le jet de vapeur qui sortait alors de ses naseaux. L'un des hommes, au moins, connaissait le pays. Ils suivaient la piste qui avait pourtant disparu depuis plusieurs jours sous une couche blanche et sale. L'instituteur calcula qu'ils ne seraient pas sur la colline avant une demi-heure. Il faisait froid; il rentra dans l'école pour chercher un chandail.

Il traversa la salle de classe vide et glacée. Sur le tableau noir les quatre fleuves de France, dessinés avec quatre craies de couleurs différentes, coulaient vers leur estuaire depuis trois jours. La neige était tombée brutalement à la mi-octobre, après huit mois de sécheresse, sans que la pluie eût apporté une transition et la ving-

3 **entamer:** anschneiden; hier: in Angriff nehmen.
le raidillon: steiler Abhang.
4 **peiner:** sich schwer tun.
progresser: sich vorwärts bewegen.
7 **broncher:** stolpern, straucheln.
8 **le jet de vapeur:** Dampfwolke.
9 **le naseau:** Nüster.
14 **le chandail:** Pullover.
18 **un estuaire:** trichterförmige Flußmündung.

taine d'élèves qui habitaient dans les villages disséminés sur le plateau ne venaient plus. Il fallait attendre le beau temps. Daru ne chauffait plus que l'unique pièce qui constituait son logement, attenant à la classe, et ouvrant aussi sur le plateau à l'est. Une fenêtre donnait encore, comme celles de la classe, sur le midi. De ce côté, l'école se trouvait à quelques kilomètres de l'endroit où le plateau commençait à descendre vers le sud. Par temps clair, on pouvait apercevoir les masses violettes du contrefort montagneux où s'ouvrait la porte du désert.

Un peu réchauffé, Daru retourna à la fenêtre d'où il avait, pour la première fois, aperçu les deux hommes. On ne les voyait plus. Ils avaient donc attaqué le raidillon. Le ciel était moins foncé: dans la nuit, la neige avait cessé de tomber. Le matin s'était levé sur une lumière sale qui s'était à peine renforcée à mesure que le plafond de nuages remontait. À deux heures de l'après-midi, on eût dit que la journée commençait seulement. Mais cela valait mieux que ces trois jours où l'épaisse neige tombait au milieu des ténèbres incessantes, avec de petites sautes de vent qui venaient secouer la double porte de la classe. Daru patientait alors de longues heures dans sa chambre dont il ne sortait que pour aller sous l'appentis, soigner les poules et puiser dans la provision de charbon. Heureusement, la camionnette de Tadjid, le village le

1 **disséminé, e:** verstreut.
4 **attenant, e à:** angrenzend an.
10 **le contrefort:** Ausläufer (eines Gebirges).
22 **la saute de vent:** Böe, Windstoß.
24 **un appentis:** Schuppen.
25 **puiser:** schöpfen; hier: holen.

plus proche au nord, avait apporté le ravitaillement deux jours avant la tourmente. Elle reviendrait dans quarante-huit heures.

Il avait d'ailleurs de quoi soutenir un siège, avec les sacs de blé qui encombraient la petite chambre et que l'administration lui laissait en réserve pour distribuer à ceux de ses élèves dont les familles avaient été victimes de la sécheresse. En réalité, le malheur les avait tous atteints puisque tous étaient pauvres. Chaque jour, Daru distribuait une ration aux petits. Elle leur avait manqué, il le savait bien, pendant ces mauvais jours. Peut-être un des pères ou des grands frères viendrait ce soir et il pourrait les ravitailler en grains. Il fallait faire la soudure avec la prochaine récolte, voilà tout. Des navires de blé arrivaient maintenant de France, le plus dur était passé. Mais il serait difficile d'oublier cette misère, cette armée de fantômes haillonneux errant dans le soleil, les plateaux calcinés mois après mois, la terre recroquevillée peu à peu, littéralement torréfiée, chaque pierre éclatant en poussière sous le pied. Les moutons mouraient alors par milliers et quelques hommes, çà et là, sans qu'on puisse toujours le savoir.

Devant cette misère, lui qui vivait presque en moine

1 **le ravitaillement:** Verpflegung.
2 **la tourmente:** heftiger Sturm.
5 **encombrer:** versperren, im Wege stehen.
13 **faire la soudure avec:** hier: durchkommen bis (*la soudure:* Schweißnaht, Lötstelle).
17 **haillonneux, se:** zerlumpt.
18 **calciné, e:** verbrannt, ausgedörrt.
18f. **recroquevillé, e:** eingeschrumpft, schrumpelig.
19 **torréfié, é:** geröstet.
23 **le moine:** Mönch.

dans cette école perdue, content d'ailleurs du peu qu'il avait, et de cette vie rude, s'était senti un seigneur, avec ses murs crépis, son divan étroit, ses étagères de bois blanc, son puits, et son ravitaillement hebdomadaire en eau et en nourriture. Et, tout d'un coup, cette neige, sans avertissement, sans la détente de la pluie. Le pays était ainsi, cruel à vivre, même sans les hommes, qui, pourtant, n'arrangeaient rien. Mais Daru y était né. Partout ailleurs, il se sentait exilé.

Il sortit et avança sur le terre-plein devant l'école. Les deux hommes étaient maintenant à mi-pente. Il reconnut dans le cavalier, Balducci, le vieux gendarme qu'il connaissait depuis longtemps. Balducci tenait au bout d'une corde un Arabe qui avançait derrière lui, les mains liées, le front baissé. Le gendarme fit un geste de salutation auquel Daru ne répondit pas, tout entier occupé à regarder l'Arabe vêtu d'une djellabah autrefois bleue, les pieds dans des sandales, mais couverts de chaussettes en grosse laine grège, la tête coiffée d'un chèche étroit et court. Ils approchaient. Balducci maintenait sa bête au pas pour ne pas blesser l'Arabe et le groupe avançait lentement.

À portée de voix, Balducci cria: «Une heure pour faire les trois kilomètres d'El Ameur ici!» Daru ne répondit pas. Court et carré dans son chandail épais, il les re-

3 **crépir:** kalken, verputzen.
4 **le puits:** Brunnen.
10 **le terre-plein:** Auffüllung; hier: Vorplatz.
17 **la djellabah** (arab.): Dschellaba (weites Gewand, Art Mantel).
19 **grège:** roh, unbehandelt.
le chèche (arab.): Mütze.
23 **la portée:** Reichweite.
25 **carré, e:** hier: stämmig.

gardait monter. Pas une seule fois, l'Arabe n'avait levé la tête. «Salut, dit Daru, quand ils débouchèrent sur le terre-plein. Entrez vous réchauffer.» Balducci descendit péniblement de sa bête, sans lâcher la corde. Il sourit à l'instituteur sous ses moustaches hérissées. Ses petits yeux sombres, très enfoncés sous le front basané, et sa bouche entourée de rides, lui donnaient un air attentif et appliqué. Daru prit la bride, conduisit la bête vers l'appentis, et revint vers les deux hommes qui l'attendaient maintenant dans l'école. Il les fit pénétrer dans sa chambre. «Je vais chauffer la salle de classe, dit-il. Nous y serons plus à l'aise.» Quand il entra de nouveau dans la chambre, Balducci était sur le divan. Il avait dénoué la corde qui le liait à l'Arabe et celui-ci s'était accroupi près du poêle. Les mains toujours liées, le chèche maintenant poussé en arrière, il regardait vers la fenêtre. Daru ne vit d'abord que ses énormes lèvres, pleines, lisses, presque négroïdes; le nez cependant était droit, les yeux sombres, pleins de fièvre. Le chèche découvrait un front buté et, sous la peau recuite mais un peu décolorée par le froid, tout le visage avait un air à la fois inquiet et rebelle qui frappa Daru quand l'Arabe, tournant son visage vers lui, le regarda droit dans les yeux. «Passez à

2 **déboucher sur:** hier: betreten.
5 **la moustache:** Schnurrbart.
hérissé, e: struppig.
6 **enfoncé, e:** tiefliegend.
basané, e: braungebrannt.
7 **la ride:** Falte.
8 **la bride:** Zügel.
14 **s'accroupir:** sich zusammenkauern.
20 **buté, e:** eigensinnig, verbohrt.
recuit, e: verbrannt, gegerbt.

côté, dit l'instituteur, je vais vous faire du thé à la menthe. – Merci, dit Balducci. Quelle corvée! Vivement la retraite.» Et s'adressant en arabe à son prisonnier: «Viens, toi.» L'Arabe se leva et, lentement, tenant ses poignets joints devant lui, passa dans l'école.

Avec le thé, Daru apporta une chaise. Mais Balducci trônait déjà sur la première table d'élève et l'Arabe s'était accroupi contre l'estrade du maître, face au poêle qui se trouvait entre le bureau et la fenêtre. Quand il tendit le verre de thé au prisonnier, Daru hésita devant ses mains liées. «On peut le délier, peut-être. – Sûr, dit Balducci. C'était pour le voyage.» Il fit mine de se lever. Mais Daru posant le verre sur le sol, s'était agenouillé près de l'Arabe. Celui-ci, sans rien dire, le regardait faire de ses yeux fiévreux. Les mains libres, il frotta l'un contre l'autre ses poignets gonflés, prit le verre de thé et aspira le liquide brûlant, à petites gorgées rapides.

«Bon, dit Daru. Et comme ça, où allez-vous?»

Balducci retira sa moustache du thé: «Ici, fils.

– Drôles d'élèves! Vous couchez ici?

– Non. Je vais retourner à El Ameur. Et toi, tu livreras le camarade à Tinguit. On l'attend à la commune mixte.»

Balducci regardait Daru avec un petit sourire d'amitié.

2 **la corvée:** Plackerei, Schinderei.
2f. **Vivement la retraite!:** Höchste Zeit für die Pensionierung!
5 **le poignet:** Handgelenk.
joindre: hier: fesseln.
8 **une estrade:** (Lehrer-)Pult.
16 **aspirer:** einsaugen; hier: schlürfen.
17 **la gorgée:** Schluck.
22f. **la commune mixte:** politische Verwaltungsform.

«Qu'est-ce que tu racontes, dit l'instituteur. Tu te fous de moi?
– Non, fils. Ce sont les ordres.
– Les ordres? Je ne suis pas …» Daru hésita; il ne voulait pas peiner le vieux Corse. «Enfin, ce n'est pas mon métier.
– Eh! Qu'est-ce que ça veut dire? À la guerre, on fait tous les métiers.
– Alors, j'attendrai la déclaration de guerre!»
Balducci approuva de la tête.
«Bon. Mais les ordres sont là et ils te concernent aussi. Ça bouge, paraît-il. On parle de révolte prochaine. Nous sommes mobilisés, dans un sens.»
Daru gardait son air buté.
«Écoute, fils, dit Balducci. Je t'aime bien, il faut comprendre. Nous sommes une douzaine à El Ameur pour patrouiller dans le territoire d'un petit département et je dois rentrer. On m'a dit de te confier ce zèbre et de rentrer sans tarder. On ne pouvait pas le garder là-bas. Son village s'agitait, ils voulaient le reprendre. Tu dois le mener à Tinguit dans la journée de demain. Ce n'est pas une vingtaine de kilomètres qui font peur à un costaud comme toi. Après, ce sera fini. Tu retrouveras tes élèves et la bonne vie.»
Derrière le mur, on entendit le cheval s'ébrouer et frapper du sabot. Daru regardait par la fenêtre. Le temps se

1 f. **se foutre de qn** (pop.): sich über jdn. lustig machen.
12 **ça bouge:** es geht los.
18 **le zèbre:** Zebra; hier (arg.): Kerl.
22 **le costaud:** stämmiger Bursche.
25 **s'ébrouer:** schnauben.
26 **le sabot:** Huf.

levait décidément, la lumière s'élargissait sur le plateau neigeux. Quand toute la neige serait fondue, le soleil régnerait de nouveau et brûlerait une fois de plus les champs de pierre. Pendant des jours, encore, le ciel inaltérable déverserait sa lumière sèche sur l'étendue solitaire où rien ne rappelait l'homme.

«Enfin, dit-il en se retournant vers Balducci, qu'est-ce qu'il a fait?» Et il demanda, avant que le gendarme ait ouvert la bouche: «Il parle français?

– Non, pas un mot. On le recherchait depuis un mois, mais ils le cachaient. Il a tué son cousin.

– Il est contre nous?

– Je ne crois pas. Mais on ne peut jamais savoir.

– Pourquoi a-t-il tué?

– Des affaires de famille, je crois. L'un devait du grain à l'autre, paraît-il. Ça n'est pas clair. Enfin, bref, il a tué le cousin d'un coup de serpe. Tu sais, comme au mouton, zic! ...»

Balducci fit le geste de passer une lame sur sa gorge et l'Arabe, son attention attirée, le regardait avec une sorte d'inquiétude. Une colère subite vint à Daru contre cet homme, contre tous les hommes et leur sale méchanceté, leurs haines inlassables, leur folie du sang. choquant

Mais la bouilloire chantait sur le poêle. Il resservit du thé à Balducci, hésita, puis servit à nouveau l'Arabe qui, une

reste un bon hôte

1 **décidément** (adv.): ganz entschieden, zweifellos.
4f. **inaltérable:** unveränderlich.
5 **une étendue:** weites Land.
17 **la serpe:** Hippe (sichelförmiges Messer).
23 **inlassable:** unaufhörlich, nimmermüde.
la folie du sang: Blutdurst.
24 **la bouilloire:** Wasserkessel, Teekessel.

seconde fois, but avec avidité. Ses bras soulevés entrebâillaient maintenant la djellabah et l'instituteur aperçut sa poitrine maigre et musclée.

«Merci, petit, dit Balducci. Et maintenant, je file.»

Il se leva et se dirigea vers l'Arabe, en tirant une cordelette de sa poche.

«Qu'est-ce que tu fais?» demanda sèchement Daru. Balducci, interdit, lui montra la corde.

«Ce n'est pas la peine.»

Le vieux gendarme hésita:

«Comme tu voudras. Naturellement, tu es armé?

– J'ai mon fusil de chasse.

– Où?

– Dans la malle.

– Tu devrais l'avoir près de ton lit.

– Pourquoi? Je n'ai rien à craindre.

– Tu es sonné, fils. S'ils se soulèvent, personne n'est à l'abri, nous sommes tous dans le même sac.

– Je me défendrai. J'ai le temps de les voir arriver.

Balducci se mit à rire, puis la moustache vint soudain recouvrir les dents encore blanches.

«Tu as le temps? Bon. C'est ce que je disais. Tu as toujours été un peu fêlé. C'est pour ça que je t'aime bien, mon fils était comme ça.»

Il tirait en même temps son revolver et le posait sur le bureau.

1 f. **entrebâiller:** ein wenig öffnen
4 **filer** (fam.): sich davonmachen.
5 f. **la cordelette:** dünne Schnur.
8 **interdit, e:** bestürzt, sehr betroffen.
17 **être sonné, e** (fam.): verrückt sein, spinnen.
23 **être fêlé, e:** einen Sprung haben; hier: spinnen.

«Garde-le, je n'ai pas besoin de deux armes d'ici El Ameur.»

Le revolver brillait sur la peinture noire de la table. Quand le gendarme se retourna vers lui, l'instituteur sentit son odeur de cuir et de cheval.

«Écoute, Balducci, dit Daru soudainement, tout ça me dégoûte, et ton gars le premier. Mais je ne le livrerai pas. Me battre, oui, s'il le faut. Mais pas ça.»

Le vieux gendarme se tenait devant lui et le regardait avec sévérité.

«Tu fais des bêtises, dit-il lentement. Moi non plus, je n'aime pas ça. Mettre une corde à un homme, malgré les années, on ne s'y habitue pas et même, oui, on a honte. Mais on ne peut pas les laisser faire.

– Je ne le livrerai pas, répéta Daru.

– C'est un ordre, fils. Je te le répète.

– C'est ça. Répète-leur ce que je t'ai dit: je ne le livrerai pas.»

Balducci faisait un visible effort de réflexion. Il regardait l'Arabe et Daru. Il se décida enfin.

«Non. Je ne leur dirai rien. Si tu veux nous lâcher, à ton aise, je ne te dénoncerai pas. J'ai l'ordre de livrer le prisonnier: je le fais. Tu vas maintenant me signer le papier.

– C'est inutile. Je ne nierai pas que tu me l'as laissé.

– Ne sois pas méchant avec moi. Je sais que tu diras la vérité. Tu es d'ici, tu es un homme. Mais tu dois signer, c'est la règle.»

Daru ouvrit son tiroir, tira une petite bouteille carrée d'encre violette, le porte-plume de bois rouge avec la

21 f. **à ton aise:** hier: wie du willst.

plume *sergent-major* qui lui servait à tracer les modèles d'écriture et il signa. Le gendarme plia soigneusement le papier et le mit dans son portefeuille. Puis il se dirigea vers la porte.

«Je vais t'accompagner, dit Daru.

– Non, dit Balducci. Ce n'est pas la peine d'être poli. Tu m'as fait un affront.»

Il regarda l'Arabe, immobile, à la même place, renifla d'un air chagrin et se détourna vers la porte: «Adieu, fils», dit-il. La porte battit derrière lui. Balducci surgit devant la fenêtre puis disparut. Ses pas étaient étouffés par la neige. Le cheval s'agita derrière la cloison, des poules s'effarèrent. Un moment après, Balducci repassa devant la fenêtre tirant le cheval par la bride. Il avançait vers le raidillon sans se retourner, disparut le premier et le cheval le suivit. On entendit une grosse pierre rouler mollement. Daru revint vers le prisonnier qui n'avait pas bougé, mais ne le quittait pas des yeux. «Attends», dit l'instituteur en arabe, et il se dirigea vers la chambre. Au moment de passer le seuil, il se ravisa, alla au bureau, prit le revolver et le fourra dans sa poche. Puis, sans se retourner, il entra dans sa chambre.

Longtemps, il resta étendu sur son divan à regarder le ciel se fermer peu à peu, à écouter le silence. C'était ce

1 **le sergent-major:** Schreibstubenunteroffizier.
8 **renifler:** schnüffeln, schnauben.
9 **chagrin, e:** bekümmert.
10 **surgir:** plötzlich auftauchen.
12 **la cloison:** Bretterverschlag.
13 **s'effarer:** sich aufregen, außer sich sein; hier: durcheinanderflattern.
20 **se raviser:** seine Absicht ändern.
21 **fourrer:** stecken.

silence qui lui avait paru pénible les premiers jours de son arrivée, après la guerre. Il avait demandé un poste dans la petite ville au pied des contreforts qui séparent du désert les hauts plateaux. Là, des murailles rocheuses, vertes et noires au nord, roses ou mauves au sud, marquaient la frontière de l'éternel été. On l'avait nommé à un poste plus au nord, sur le plateau même. Au début, la solitude et le silence lui avaient été durs sur ces terres ingrates, habitées seulement par des pierres. Parfois, des sillons faisaient croire à des cultures, mais ils avaient été creusés pour mettre au jour une certaine pierre, propice à la construction. On ne labourait ici que pour récolter des cailloux. D'autres fois, on grattait quelques copeaux de terre, accumulée dans des creux, dont on engraisserait les maigres jardins des villages. C'était ainsi, le caillou seul couvrait les trois quarts de ce pays. Les villes y naissaient, brillaient, puis disparaissaient; les hommes y passaient, s'aimaient ou se mordaient à la gorge, puis mouraient. Dans ce désert, personne, ni lui ni son hôte n'étaient rien. Et pourtant, hors de ce désert, ni l'un ni l'autre, Daru le savait, n'auraient pu vivre vraiment.

Quand il se leva, aucun bruit ne venait de la salle de classe. Il s'étonna de cette joie franche qui lui venait à la seule pensée que l'Arabe avait pu fuir et qu'il allait se re-

5 **mauve:** malvenfarbig (zarte Tönung).
9 **ingrat, e:** hier: unfruchtbar.
10 **le sillon:** Furche.
11 f. **propice à:** geeignet für.
14 **le copeau:** Hobelspan; hier: Krume.
le creux: Vertiefung.
14 f. **engraisser:** anreichern, düngen.

trouver seul sans avoir rien à décider. Mais le prisonnier était là. Il s'était seulement couché de tout son long entre le poêle et le bureau. Les yeux ouverts, il regardait le plafond. Dans cette position, on voyait surtout ses lèvres épaisses qui lui donnaient un air boudeur. «Viens», dit Daru. L'Arabe se leva et le suivit. Dans la chambre, l'instituteur lui montra une chaise près de la table, sous la fenêtre. L'Arabe prit place sans cesser de regarder Daru.

«Tu as faim?

– Oui», dit le prisonnier.

Daru installa deux couverts. Il prit de la farine et de l'huile, pétrit dans un plat une galette et alluma le petit fourneau à butagaz. Pendant que la galette cuisait, il sortit pour ramener de l'appentis du fromage, des œufs, des dattes et du lait condensé. Quand la galette fut cuite, il la mit à refroidir sur le rebord de la fenêtre, fit chauffer du lait condensé étendu d'eau et, pour finir, battit les œufs en omelette. Dans un de ses mouvements, il heurta le revolver enfoncé dans sa poche droite. Il posa le bol, passa dans la salle de classe et mit le revolver dans le tiroir de son bureau. Quand il revint dans la chambre, la nuit tombait. Il donna de la lumière et servit l'Arabe: «Mange», dit-il. L'autre prit un morceau de galette, le porta vivement à sa bouche et s'arrêta.

5 **boudeur, se:** schmollend.
13 **pétrir:** kneten.
14 **le butagaz:** Butangas.
la galette: (Brot-)Fladen.
17 **le rebord:** Sims.
18 **étendre:** hier: verdünnen.
20 **le bol:** Schale, Frühstückstasse.

«Et toi? dit-il.

– Après toi. Je mangerai aussi.»

Les grosses lèvres s'ouvrirent un peu, l'Arabe hésita, puis il mordit résolument dans la galette.

Le repas fini, l'Arabe regardait l'instituteur.

«C'est toi le juge?

– Non, je te garde jusqu'à demain.

– Pourquoi tu manges avec moi?

– J'ai faim.»

L'autre se tut. Daru se leva et sortit. Il ramena un lit de camp de l'appentis, l'étendit entre la table et le poêle, perpendiculairement à son propre lit. D'une grande valise qui, debout dans un coin, servait d'étagère à dossiers, il tira deux couvertures qu'il disposa sur le lit de camp. Puis il s'arrêta, se sentit oisif, s'assit sur son lit. Il n'y avait plus rien à faire ni à préparer. Il fallait regarder cet homme. Il le regardait donc, essayant d'imaginer ce visage emporté de fureur. Il n'y parvenait pas. Il voyait seulement le regard à la fois sombre et brillant, et la bouche animale.

«Pourquoi tu l'as tué?» dit-il d'une voix dont l'hostilité le surprit.

L'Arabe détourna son regard.

«Il s'est sauvé. J'ai couru derrière lui.»

Il releva les yeux sur Daru et ils étaient pleins d'une sorte d'interrogation malheureuse.

«Maintenant, qu'est-ce qu'on va me faire?

10f. **le lit de camp** (*m.*): Feldbett.
12 **pérpendiculairement** (adv.): im rechten Winkel.
13 **une étagère:** Regal, Gestell.
18 **emporté, e:** außer sich.

– Tu as peur?»

L'autre se raidit, en détournant les yeux.

«Tu regrettes?»

L'Arabe le regarda, bouche ouverte. Visiblement, il ne comprenait pas. L'irritation gagnait Daru. En même temps, il se sentait gauche et emprunté dans son gros corps, coincé entre les deux lits.

«Couche-toi là, dit-il avec impatience. C'est ton lit.»

L'Arabe ne bougeait pas. Il appela Daru:

«Dis!»

L'instituteur le regarda.

«Le gendarme revient demain?

– Je ne sais pas.

– Tu viens avec nous?

– Je ne sais pas. Pourquoi?»

Le prisonnier se leva et s'étendit à même les couvertures, les pieds vers la fenêtre. La lumière de l'ampoule électrique lui tombait droit dans les yeux qu'il ferma aussitôt.

«Pourquoi?» répéta Daru, planté devant le lit.

L'Arabe ouvrit les yeux sous la lumière aveuglante et le regarda en s'efforçant de ne pas battre les paupières.

«Viens avec nous», dit-il.

2 **se raidir:** sich straff aufrichten, sich verkrampfen.
6 **emprunté, e:** unbeholfen.
7 **coincer:** einklemmen.
16 **à même qc:** direkt auf etwas.
17 **une ampoule:** Glühbirne.
21 **aveuglant, e:** blendend.
22 **la paupière:** Augenlid.

Au milieu de la nuit, Daru ne dormait toujours pas. Il s'était mis au lit après s'être complètement déshabillé: il couchait nu habituellement. Mais quand il se trouva sans vêtements dans la chambre, il hésita. Il se sentait vulnérable, la tentation lui vint de se rhabiller. Puis il haussa les épaules; il en avait vu d'autres et, s'il le fallait, il casserait en deux son adversaire. De son lit, il pouvait l'observer, étendu sur le dos, toujours immobile et les yeux fermés sous la lumière violente. Quand Daru éteignit, les ténèbres semblèrent se congeler d'un coup. Peu à peu, la nuit redevint vivante dans la fenêtre où le ciel sans étoiles remuait doucement. L'instituteur distingua bientôt le corps étendu devant lui. L'Arabe ne bougeait toujours pas, mais ses yeux semblaient ouverts. Un léger vent rôdait autour de l'école. Il chasserait peut-être les nuages et le soleil reviendrait.

Dans la nuit, le vent grandit. Les poules s'agitèrent un peu, puis se turent. L'Arabe se retourna sur le côté, présentant le dos à Daru et celui-ci crut l'entendre gémir. Il guetta ensuite sa respiration, devenue plus forte et plus régulière. Il écoutait ce souffle si proche et rêvait sans pouvoir s'endormir. Dans la chambre où, depuis un an, il dormait seul, cette présence le gênait. Mais elle le gênait aussi parce qu'elle lui imposait une sorte de fraternité qu'il refusait dans les circonstances présentes et qu'il connaissait bien: les hommes, qui partagent les

5 **vulnérable:** verletzlich, ungeschützt.
10 **les ténèbres** *f.*: Dunkelheit.
se congeler: gefrieren; hier: sich verfestigen, gerinnen.
15 **rôder autour:** streichen um.
20 **guetter qc:** auf etwas achten.

mêmes chambres, soldats ou prisonniers, contractent un lien étrange comme si, leurs armures quittées avec les vêtements, ils se rejoignaient chaque soir, par-dessus leurs différences, dans la vieille communauté du songe et de la fatigue. Mais Daru se secouait, il n'aimait pas ces bêtises, il fallait dormir.

Un peu plus tard pourtant, quand l'Arabe bougea imperceptiblement, l'instituteur ne dormait toujours pas. Au deuxième mouvement du prisonnier, il se raidit, en alerte. L'Arabe se soulevait lentement sur les bras, d'un mouvement presque somnambulique. Assis sur le lit, il attendit, immobile, sans tourner la tête vers Daru, comme s'il écoutait de toute son attention. Daru ne bougea pas: il venait de penser que le revolver était resté dans le tiroir de son bureau. Il valait mieux agir tout de suite. Il continua cependant d'observer le prisonnier qui, du même mouvement huilé, posait ses pieds sur le sol, attendait encore, puis commençait à se dresser lentement. Daru allait l'interpeller quand l'Arabe se mit en marche, d'une allure naturelle cette fois, mais extraordinairement silencieuse. Il allait vers la porte du fond qui donnait sur l'appentis. Il fit jouer le loquet avec précaution et sortit en repoussant la porte derrière lui, sans la refermer. Daru n'avait pas bougé: «Il fuit, pensait-il seulement. Bon débarras!» Il tendit pourtant l'oreille.

1 **contracter:** eingehen, (ab)schließen.
7 f. **imperceptiblement** (adv.): unmerklich.
9 f. **en alerte:** auf der Hut, sprungbereit (*une alerte:* Alarm).
11 **somnambulique:** schlafwandlerisch.
19 **interpeller:** ansprechen, zur Rede stellen.
22 **le loquet:** Türklinke.
25 **Bon débarras!:** Den bin ich los!

Les poules ne bougeaient pas: l'autre était donc sur le plateau. Un faible bruit d'eau lui parvint alors dont il ne comprit ce qu'il était qu'au moment où l'Arabe s'encastra de nouveau dans la porte, la referma avec soin, et vint se recoucher sans un bruit. Alors Daru lui tourna le dos et s'endormit. Plus tard encore, il lui sembla entendre, du fond de son sommeil, des pas furtifs autour de l'école. «Je rêve, je rêve!» se répétait-il. Et il dormait.

Quand il se réveilla, le ciel était découvert; par la fenêtre mal jointe entrait un air froid et pur. L'Arabe dormait, recroquevillé maintenant sous les couvertures, la bouche ouverte, totalement abandonné. Mais quand Daru le secoua, il eut un sursaut terrible, regardant Daru sans le reconnaître avec des yeux fous et une expression si apeurée que l'instituteur fit un pas en arrière. «N'aie pas peur. C'est moi. Il faut manger.» L'Arabe secoua la tête et dit oui. Le calme était revenu sur son visage, mais son expression restait absente et distraite.

Le café était prêt. Ils le burent, assis tous deux sur le lit de camp, en mordant leurs morceaux de galette. Puis Daru mena l'Arabe sous l'appentis et lui montra le robinet où il faisait sa toilette. Il rentra dans la chambre, plia les couvertures et le lit de camp, fit son propre lit et mit la pièce en ordre. Il sortit alors sur le terre-plein en passant par l'école. Le soleil montait déjà dans le ciel bleu; une lumière tendre et vive inondait le plateau désert.

4 **s'encastrer:** sich abzeichnen, ausfüllen.
7 **furtif, ve:** flüchtig, heimlich.
12 **recroquevillé, e:** zusammengekrümmt.
14 **avoir un sursaut:** aufschrecken, auffahren.
27 **inonder:** überfluten.

Sur le raidillon, la neige fondait par endroits. Les pierres allaient apparaître de nouveau. Accroupi au bord du plateau, l'instituteur contemplait l'étendue déserte. Il pensait à Balducci. Il lui avait fait de la peine, il l'avait renvoyé, d'une certaine manière, comme s'il ne voulait pas être dans le même sac. Il entendait encore l'adieu du gendarme et, sans savoir pourquoi, il se sentait étrangement vide et vulnérable. À ce moment, de l'autre côté de l'école, le prisonnier toussa. Daru l'écouta, presque malgré lui, puis, furieux, jeta un caillou qui siffla dans l'air avant de s'enfoncer dans la neige. Le crime imbécile de cet homme le révoltait, mais le livrer était contraire à l'honneur: d'y penser seulement le rendait fou d'humiliation. Et il maudissait à la fois les siens qui lui envoyaient cet Arabe et celui-ci qui avait osé tuer et n'avait pas su s'enfuir. Daru se leva, tourna en rond sur le terre-plein, attendit, immobile, puis entra dans l'école.

L'Arabe, penché sur le sol cimenté de l'appentis, se lavait les dents avec deux doigts. Daru le regarda, puis: «Viens», dit-il. Il rentra dans la chambre, devant le prisonnier. Il enfila une veste de chasse sur son chandail et chaussa des souliers de marche. Il attendit debout que l'Arabe eût remis son chèche et ses sandales. Ils passèrent dans l'école et l'instituteur montra la sortie à son compagnon. «Va», dit-il. L'autre ne bougea pas. «Je viens», dit Daru. L'Arabe sortit. Daru rentra dans la chambre et fit un paquet avec des biscottes, des dattes et

6 **être dans le même sac** (fam.): in einen Topf geworfen werden.
13 f. **une humiliation:** Demütigung.
14 **maudire:** verwünschen, verfluchen.
21 **enfiler** (*un vêtement*): (in ein Kleidungsstück) schlüpfen.
27 **la biscotte:** Zwieback.

du sucre. Dans la salle de classe, avant de sortir, il hésita une seconde devant son bureau, puis il franchit le seuil de l'école et boucla la porte. «C'est par là», dit-il. Il prit la direction de l'est, suivi par le prisonnier. Mais, à une faible distance de l'école, il lui sembla entendre un léger bruit derrière lui. Il revint sur ses pas, inspecta les alentours de la maison: il n'y avait personne. L'Arabe le regardait faire, sans paraître comprendre. «Allons», dit Daru.

Ils marchèrent une heure et se reposèrent auprès d'une sorte d'aiguille calcaire. La neige fondait de plus en plus vite, le soleil pompait aussitôt les flaques, nettoyait à toute allure le plateau qui, peu à peu, devenait sec et vibrait comme l'air lui-même. Quand ils reprirent la route, le sol résonnait sous leurs pas. De loin en loin, un oiseau fendait l'espace devant eux avec un cri joyeux. Daru buvait, à profondes aspirations, la lumière fraîche. Une sorte d'exaltation naissait en lui devant le grand espace familier, presque entièrement jaune maintenant, sous sa calotte de ciel bleu. Ils marchèrent encore une heure, en descendant vers le sud. Ils arrivèrent à une sorte d'éminence aplatie, faite de rochers friables. À partir

3 **boucler:** zusperren.
11 **une aiguille calcaire:** nadelförmiger Kalkfelsen.
12 **pomper:** pumpen, aufsaugen; hier: austrocknen.
la flaque: Pfütze, Wasserlache.
12f. **à toute allure:** in aller Eile, sehr schnell.
16 **fendre:** hier: durchmessen.
17 **une aspiration:** Atemzug.
18 **une exaltation:** Begeisterung, Hochstimmung.
20 **la calotte:** Glocke, Halbkugel.
22 **une éminence:** Hügel, Geländeerhebung.
friable: mürbe, zerbrechlich.

de là, le plateau dévalait, à l'est, vers une plaine basse où l'on pouvait distinguer quelques arbres maigres et, au sud, vers des amas rocheux qui donnaient au paysage un aspect tourmenté.

Daru inspecta les deux directions. Il n'y avait que le ciel à l'horizon, pas un homme ne se montrait. Il se tourna vers l'Arabe, qui le regardait sans comprendre. Daru lui tendit un paquet: «Prends, dit-il. Ce sont des dattes, du pain, du sucre. Tu peux tenir deux jours. Voilà mille francs aussi.» L'Arabe prit le paquet et l'argent, mais il gardait ses mains pleines à hauteur de la poitrine, comme s'il ne savait que faire de ce qu'on lui donnait. «Regarde maintenant, dit l'instituteur, et il lui montrait la direction de l'est, voilà la route de Tinguit. Tu as deux heures de marche. À Tinguit, il y a l'administration et la police. Ils t'attendent.» L'Arabe regardait vers l'est, retenant toujours contre lui le paquet et l'argent. Daru lui prit le bras et lui fit faire, sans douceur, un quart de tour vers le sud. Au pied de la hauteur où ils se trouvaient, on devinait un chemin à peine dessiné. «Ça, c'est la piste qui traverse le plateau. À un jour de marche d'ici, tu trouveras les pâturages et les premiers nomades. Ils t'accueilleront et t'abriteront, selon leur loi.» L'Arabe s'était retourné maintenant vers Daru et une sorte de panique se levait sur son visage: «Écoute», dit-il. Daru secoua la tête: «Non, tais-toi. Maintenant, je te laisse.» Il lui tourna le dos, fit deux grands pas dans la direction de

1 **dévaler:** abfallen.
3 **un amas:** Ansammlung.
4 **tourmenté, e:** zerklüftet.
22 **le pâturage:** (Vieh-)Weide.
23 **abriter:** schützen.

l'école, regarda d'un air indécis l'Arabe immobile et repartit. Pendant quelques minutes, il n'entendit plus que son propre pas, sonore sur la terre froide, et il ne détourna pas la tête. Au bout d'un moment, pourtant, il se retourna. L'Arabe était toujours là, au bord de la colline, les bras pendants maintenant, et il regardait l'instituteur. Daru sentit sa gorge se nouer. Mais il jura d'impatience, fit un grand signe, et repartit. Il était déjà loin quand il s'arrêta de nouveau et regarda. Il n'y avait plus personne sur la colline.

Daru hésita. Le soleil était maintenant assez haut dans le ciel et commençait de lui dévorer le front. L'instituteur revint sur ses pas, d'abord un peu incertain, puis avec décision. Quand il parvint à la petite colline, il ruisselait de sueur. Il la gravit à toute allure et s'arrêta, essoufflé, sur le sommet. Les champs de roche, au sud, se dessinaient nettement sur le ciel bleu, mais sur la plaine, à l'est, une buée de chaleur montait déjà. Et dans cette brume légère, Daru, le cœur serré, découvrit l'Arabe qui cheminait lentement sur la route de la prison.

Un peu plus tard, planté devant la fenêtre de la salle de classe, l'instituteur regardait sans la voir la jeune lumière bondir des hauteurs du ciel sur toute la surface du plateau. Derrière lui, sur le tableau noir, entre les méandres des fleuves français s'étalait, tracée à la craie par une

3 **sonore:** widerhallend.
14f. **ruisseler de sueur** (*f.*): schweißüberströmt sein.
15 **gravir:** erklimmen.
17f. **la buée:** Dunst.
23 **bondir:** hüpfen; hier: auftreffen.
24 **le méandre:** Biegung, Windung.
25 **s'étaler:** sich erstrecken, sich hinziehen.

main malhabile, l'inscription qu'il venait de lire: «Tu as livré notre frère. Tu paieras.» Daru regardait le ciel, le plateau et, au-delà, les terres invisibles qui s'étendaient jusqu'à la mer. Dans ce vaste pays qu'il avait tant aimé, il était seul.

Le Premier Homme

Extraits d'un roman inachevé

Les colons

Deux arrivées

La carriole grinçait sur la route assez bien dessinée mais à peine tassée. [...] Les deux petits chevaux avançaient cependant régulièrement, bronchant à peine de loin en loin, le poitrail en avant pour tirer la lourde carriole, chargée de meubles, rejetant sans trêve la route derrière eux de leurs deux trots différents. L'un d'eux parfois chassait bruyamment l'air de ses narines, et son trot se désorganisait. L'Arabe qui conduisait faisait claquer alors sur son dos le plat des rênes usées, et bravement la bête reprenait son rythme.
L'homme qui se trouvait sur la banquette avant près du conducteur, un Français d'une trentaine d'années, regardait, le visage fermé, les deux croupes qui s'agitaient sous lui. De bonne taille, trapu, le visage long, avec un front haut et carré, la mâchoire énergique, les yeux clairs, il portait malgré la saison qui s'avançait une veste de coutil à trois boutons, fermée au col à la mode de

1 **le colon:** Siedler.
3 **la carriole:** kleiner zweiräderiger Karren.
grincer: kreischen, quietschen.
4 **tasser:** walzen, verdichten.
5 **broncher:** stolpern, straucheln.
6 **le poitrail:** Brustkasten.
7 **sans trêve:** unaufhörlich, rastlos (*le trêve:* Ruhe, Rast).
9 **la narine:** Nüster.
11 **la rêne:** Zügel.
15 **la croupe:** Kruppe (hinterer Teil des Pferderückens).
16 **trapu, e:** stämmig, gedrungen.
17 **la mâchoire:** Kiefer.
19 **le coutil:** Drillich (Baumwollstoff).

cette époque, et une casquette légère sur ses cheveux coupés court. Au moment où la pluie commença de rouler sur la capote au-dessus d'eux, il se retourna vers l'intérieur de la voiture: «Ça va?» cria-t-il. Sur une deuxième banquette, coincée entre la première et un amoncellement de vieilles malles et de meubles, une femme, habillée pauvrement mais enveloppée dans un grand châle de grosse laine, lui sourit faiblement. «Oui, oui», dit-elle avec un petit geste d'excuse. Un petit garçon de quatre ans dormait contre elle. Elle avait un visage doux et régulier, les cheveux de l'Espagnole bien ondés et noirs, un petit nez droit, un beau et chaud regard marron. [...] Du plat de sa main déjà abîmée par le travail et un peu noueuse aux articulations, elle frappait à coups légers le dos de son mari: «ça va, ça va», disait-elle. Et aussitôt elle cessa de sourire pour regarder, sous la capote, la route où des flaques commençaient déjà de luire.

L'homme se retourna vers l'Arabe placide sous son turban à cordelettes jaunes, le corps épaissi par de grosses culottes à fond ample serrées au-dessus du mollet.

3 **la capote:** (Klapp-)Verdeck.
5 **coincer:** einklemmen, einzwängen.
6 **un amoncellement:** Anhäufung.
12 **ondé, e:** wellig, gewellt.
13 **abîmer:** verderben; hier: verformen.
14 **noueux, se:** knotig.
une articulation: Gelenk.
17 **la flaque:** Pfütze.
19 **placide:** friedlich, ruhig.
20 **la cordelette:** Schnürchen, Kordel.
21 **ample:** weit.
le mollet: Wade.

«C'est encore loin?» L'Arabe sourit sous ses grandes moustaches blanches. «Huit kilomètres et tu arrives.» L'homme se retourna, regarda sa femme sans sourire mais attentivement. Elle n'avait pas détourné son regard de la route. «Donne-moi les rênes, dit l'homme. – Comme tu veux», dit l'Arabe. Il lui passa les rênes, l'homme l'enjamba pendant que le vieil Arabe se glissait sous lui vers la place qu'il venait de quitter. De deux coups du plat des rênes, l'homme prit possession des chevaux qui redressèrent leur trot et tirèrent soudain plus droit. «Tu connais les chevaux», dit l'Arabe. La réponse vint, brève, et sans que l'homme sourît: «Oui», dit-il.

La lumière avait baissé et d'un coup la nuit s'installa. [...] Seules des odeurs d'herbes brûlées, ou, soudain, une forte odeur d'engrais, laissaient penser qu'on longeait parfois des terres cultivées. La femme parla derrière le conducteur, qui retint un peu ses chevaux et se pencha en arrière. «Il n'y a personne, répéta la femme. – Tu as peur? – Comment?» L'homme répéta sa phrase, mais en criant cette fois. «Non, non, pas avec toi.» Mais elle paraissait inquiète. «Tu as mal, dit l'homme. – Un peu.» Il encouragea ses chevaux, et seul le gros bruit des roues écrasant les sillons et des huit sabots ferrés frappant la route emplit de nouveau la nuit.

7 **enjamber qc:** einen großen Schritt über etwas machen.
10 **redresser:** hier: (wieder) beschleunigen.
16 **un engrais:** Dünger.
16f. **longer:** entlangfahren.
24 **le sillon:** Furche, Rinne.
le sabot: Huf.
ferré, e: (mit Eisen) beschlagen.

C'était une nuit de l'automne 1913. Les voyageurs étaient partis deux heures auparavant de la gare de Bône où ils étaient arrivés d'Alger après une nuit et un jour de voyage sur les dures banquettes de troisième. Ils avaient trouvé à la gare la voiture et l'Arabe qui les attendait pour les mener dans le domaine situé près d'un petit village, à une vingtaine de kilomètres dans l'intérieur des terres, et dont l'homme devait prendre la gérance. Il avait fallu du temps pour charger les malles et quelques affaires, et puis la route mauvaise les avait encore retardés. L'Arabe, comme s'il percevait l'inquiétude de son compagnon, lui dit: «N'ayez pas peur. Ici, il n'y a pas de bandits. – Il y en a partout, dit l'homme. Mais j'ai ce qu'il faut.» Et il frappa sur sa poche étroite. «Tu as raison, dit l'Arabe. Y a toujours des fous.» À ce moment, la femme appela son mari. «Henri, dit-elle, ça fait mal.» L'homme jura et excita un peu plus ses chevaux. «On arrive», dit-il. Au bout d'un moment, il regarda de nouveau sa femme. «Ça fait encore mal?» Elle lui sourit avec une étrange distraction et sans paraître cependant souffrir. «Oui, beaucoup.» Il la regardait avec le même sérieux. Et elle s'excusa de nouveau. «Ce n'est rien. C'est peut-être le train.» «Regarde, dit l'Arabe, le village.» On apercevait en effet, à gauche de la route et un peu plus loin, les lumières de Solferino

3 **Bône:** heute: Annaba (algerische Hafenstadt nahe der tunesischen Grenze).
8f. **la gérance:** Verwaltung.
11 **percevoir:** bemerken.
17 **jurer:** fluchen.
exciter: erregen, aufregen; hier: antreiben.
20 **la distraction:** Abwesenheit, Zerstreutheit.

brouillées par la pluie. «Mais tu prends la route à droite», dit l'Arabe. L'homme hésita, se retourna vers sa femme. «On va à la maison, ou au village? demanda-t-il. – Oh! à la maison, c'est mieux.» Un peu plus loin, la voiture tourna à droite dans la direction de la maison inconnue qui les attendait. «Encore un kilomètre», dit l'Arabe. «On arrive», dit l'homme dans la direction de sa femme. Elle était pliée en deux, le visage dans ses bras. «Lucie», dit l'homme. Elle ne bougeait pas. L'homme la toucha de la main. Elle pleurait sans bruit. Il cria, en détachant les syllabes et en mimant ses paroles: «Tu vas te coucher. J'irai chercher le docteur. – Oui. Va chercher le docteur. Je crois que c'est ça.» L'Arabe les regardait, étonné. «Elle va avoir un petit enfant, dit l'homme. Il y a le docteur au village? – Oui. Je vais le chercher si tu veux. – Non, tu restes à la maison. Tu fais attention. Moi j'irai plus vite. Il a une voiture ou un cheval? – Il a la voiture.» Puis l'Arabe dit à la femme: «Tu auras un garçon. Qu'il soit beau.» La femme lui sourit sans paraître comprendre. «Elle n'entend pas, dit l'homme. À la maison, tu cries fort et tu fais les gestes.»

La voiture roula soudain presque sans bruit. La route devenue plus étroite était couverte de tuff. Elle longeait de petits hangars couverts de tuiles derrière lesquels on voyait les premières rangées des champs de vigne. [...]

1 **brouiller:** verwischen, verschwimmen lassen.
8 **plier:** sich zusammenkrümmen.
11 **détacher:** hervorheben, deutlich getrennt aussprechen.
la syllabe: Silbe.
mimer: mit Gesten verdeutlichen.
23 **le tuff:** Tuff (poröses vulkanisches Bruchgestein).
24 **la tuile:** Dachziegel.

L'Arabe sans parler prit les rênes pour les tirer. Les chevaux s'arrêtèrent, et l'un d'eux s'ébroua. L'Arabe désigna de la main une petite maison blanchie à la chaux. Une vigne grimpante courait autour de la petite porte basse dont le pourtour était bleui par le sulfatage. L'homme sauta à terre et sous la pluie courut vers la maison. Il ouvrit. [...] «Allume du feu», dit-il [à l'Arabe], et il retourna à la voiture. [...] La femme attendait sans rien dire. Il la prit dans ses bras pour la mettre à terre et, la gardant un moment contre lui, il lui renversa la tête. «Tu peux marcher? – Oui», dit-elle, et elle lui caressa le bras de sa main noueuse. Il l'entraîna vers la maison. «Attends», dit-il. L'Arabe avait déjà allumé le feu et le garnissait de sarments de vigne avec des gestes précis et adroits. Elle se tenait près de la table, les mains sur son ventre, et son beau visage renversé vers la lumière de la lampe était maintenant traversé de courtes ondes de douleur. Elle ne semblait remarquer ni l'humidité ni l'odeur d'abandon et de misère. L'homme s'affairait dans les pièces du haut. Puis il apparut dans le haut de l'escalier. «Il n'y a pas de cheminée dans la chambre? – Non, dit l'Arabe. Dans l'autre non plus. – Viens», dit

2 **s'ébrouer:** schnauben, sich schütteln.
3 **la chaux:** Kalk.
4 **grimpant, e:** rankend.
5 **le pourtour:** Umgebung.
le sulfatage: Spritzung der Weinstöcke mit bläulicher Sulfatlösung.
11 **caresser:** liebkosen, streicheln.
13f. **garnir le feu:** nachlegen.
14 **le sarment:** (Wein-)Ranke.
17 **une onde:** Welle.
19 **un abandon:** Verfall, Vernachlässigung.
s'affairer: sich zu schaffen machen.

l'homme. L'Arabe le rejoignit. Puis on le vit surgir, de dos, portant un matelas que l'homme tenait à l'autre bout. Ils le placèrent près de la cheminée. L'homme tira la table dans un coin, pendant que l'Arabe remontait à l'étage et redescendait bientôt avec un traversin et des couvertures. «Couche-toi là», dit l'homme à sa femme, et il la conduisit vers le matelas. Elle hésitait. [...] Puis à l'Arabe: «Merci. Dételle un cheval. Je le monterai jusqu'au village.» L'Arabe sortit. La femme s'affairait, le dos tourné à son mari, qui se détourna aussi. Puis elle s'étendit et, dès qu'elle fut allongée, ramenant les couvertures sur elle, cria une seule fois, longuement, à pleine bouche, comme si elle avait voulu se délivrer d'un coup de tous les cris que la douleur avait accumulés en elle. L'homme, debout près du matelas, la laissa crier, puis, lorsqu'elle se tut, se découvrit, mit un genou à terre et embrassa le beau front au-dessus des yeux fermés. Il se recouvrit et sortit alors sous la pluie. Le cheval dételé tournait déjà sur lui-même, ses pattes de devant plantées dans le mâchefer. «Je vais chercher une selle, dit l'Arabe. – Non, laisse-lui les rênes. Je le monterai comme ça. Rentre les malles et les affaires dans la cuisine. Tu as une femme? – Elle est morte. Elle était vieille. – Tu as une fille? – Non, grâce à Dieu. Mais j'ai la femme de mon fils. – Dis-lui de venir. – Je le ferai. Va en paix.» L'homme re-

1 **surgir:** auftauchen.
5 **le traversin:** Kopfkissen.
8 **dételer:** ausspannen.
monter (*un cheval*): reiten.
14 **accumuler:** ansammeln.
16 **se dévouvrir:** den Hut abnehmen.
20 **le mâchefer:** Schlacke.

garda le vieil Arabe immobile sous la pluie fine et qui lui sourit sous ses moustaches mouillées. Lui ne souriait toujours pas, mais il le regardait de ses yeux clairs et attentifs. Puis il lui tendit la main, que l'autre prit, à l'arabe, du bout de ses doigts qu'il porta ensuite à la bouche. L'homme se retourna en faisant crisser le mâchefer, marcha vers le cheval, sauta à cru sur son dos et s'éloigna d'un trot pesant.

[...] Une rue unique, apparemment, s'étendait devant lui, longée de petites maisons sans étages, toutes semblables, qu'il suivit jusqu'à une petite place couverte de tuff où s'élevait, de façon inattendue, un kiosque à musique à armature métallique. La place, comme la rue, était déserte. Cormery marchait déjà vers une des maisons quand le cheval fit un écart. Un Arabe surgi de l'ombre, dans un burnous sombre et déchiré, marchait vers lui. «La maison du docteur», demanda immédiatement Cormery. L'autre examina le cavalier. «Viens», dit-il après l'avoir examiné. Ils reprirent la rue en sens inverse. Sur l'une des bâtisses qui comportait un rez-de-chaussée surélevé où l'on accédait par un escalier peint à la chaux, on pouvait lire: «Liberté, Égalité, Fraternité». Un petit jardin entouré de murs crépis la jouxtait,

6 **crisser:** knirschen.
7 **à cru:** ohne Sattel (*cru, e:* roh, unbehandelt).
8 **pesant, e:** schwerfällig.
13 **une armature:** Gerüst.
15 **un écart:** ein Satz zur Seite.
16 **le burnous:** Burnus (nordafrikanisches Gewand).
18 **le cavalier:** Reiter.
23 **crépir:** verputzen.
jouxter: sich daneben befinden.

au fond duquel se trouvait une maison que l'Arabe désigna: «C'est ça», dit-il.

[... Cormery revient avec le docteur.]

Quand les deux hommes entrèrent [à la ferme], la femme arabe les regarda rapidement avec un petit rire puis se détourna vers le feu, ses bras maigres et bruns offrant toujours la cuvette. La patronne de la cantine les regarda et s'exclama joyeusement: «Plus besoin de vous, docteur. Ça s'est fait tout seul.» Elle se leva et les deux hommes virent, près de la malade, quelque chose d'informe et de sanglant animé d'une sorte de mouvement immobile et d'où sortait maintenant un bruit continu semblable à un grincement souterrain presque imperceptible. [...] Le docteur se lava les mains, le dos toujours tourné à la porte, puis il versa sur ses mains un alcool qui sentait un peu le marc et dont l'odeur emplit aussitôt la pièce. À ce moment, la malade redressa la tête et vit son mari. Un merveilleux sourire vint transfigurer le beau visage fatigué. Cormery avança vers le matelas. «Il est venu», lui dit-elle dans un souffle, et elle avança la main vers l'enfant. «Oui, dit le docteur. Mais restez tranquille.» La femme le regarda d'un air interrogateur. Cormery, debout au pied du matelas, lui fit un signe apaisant. «Couche-toi.» Elle se laissa aller en arrière. La pluie redoubla à ce moment sur le toit de vieilles tuiles. Le docteur s'affaira sous la couverture.

7 **la cuvette:** Schüssel.
11 **sanglant, e:** blutig.
13 f. **imperceptible:** unmerklich, kaum wahrnehmbar.
16 **le marc:** Trester(schnaps).
24 **apaisant, e:** beruhigend.

Puis il se redressa et sembla secouer quelque chose devant lui. Un petit cri se fit entendre. «C'est un garçon, dit le docteur. Et un beau morceau.»

pp. 11–23

Un attentat à Alger

La rue connaissait maintenant l'animation du dimanche matin. Les ouvriers, avec leurs chemises blanches fraîchement lavées et repassées, se dirigeaient en bavardant vers les trois ou quatre cafés qui sentaient l'ombre fraîche et l'anis. Des Arabes passaient, pauvres eux aussi mais proprement habillés, avec leurs femmes toujours voilées mais chaussées de souliers Louis XV. Parfois des familles entières d'Arabes passaient, ainsi endimanchées. L'une d'elles traînait trois enfants, dont l'un était déguisé en parachutiste. Et justement la patrouille de parachutistes repassait, détendus et apparemment indifférents. C'est au moment où Lucie Cormery entra dans la pièce que l'explosion retentit.
Elle semblait toute proche, énorme, n'en finissant plus de se prolonger en vibrations. Il semblait qu'on ne l'entendait plus depuis longtemps, et l'ampoule de la salle à manger vibrait encore au fond de la coquille de verre qui

6 **une animation:** Belebtheit.
13f. **endimanché, e:** sonntäglich feingemacht.
15 **deguisé, e:** verkleidet.
le parachutiste: Fallschirmjäger.
21 **une ampoule:** Glühbirne.
22 **la coquille:** Muschel.

servait de lustre. Sa mère avait reculé au fond de la pièce, pâle, les yeux noirs pleins d'une frayeur qu'elle ne pouvait maîtriser, vacillant un peu. «C'est ici. C'est ici, disait-elle. – Non», dit Jacques, et il courait à la fenêtre. Des gens couraient, il ne savait où; une famille arabe était entrée chez le mercier d'en face, pressant les enfants de rentrer, et le mercier les accueillait, fermait la porte en retirant le bec-de-cane et restait planté derrière la vitre à surveiller la rue. À ce moment, la patrouille de parachutistes revint, courant à perdre haleine dans l'autre sens. Des autos se rangeaient précipitamment le long des trottoirs et stoppaient. En quelques secondes, la rue s'était vidée. Mais, en se penchant, Jacques pouvait voir un grand mouvement de foule plus loin entre le cinéma Musset et l'arrêt du tramway. «Je vais aller voir», dit-il.

Au coin de la rue Prévost-Paradol, un groupe d'hommes vociférait. «Cette sale race», disait un petit ouvrier en tricot de corps dans la direction d'un Arabe collé dans une porte cochère près du café. Et il se dirigea vers lui. «Je n'ai rien fait, dit l'Arabe. – Vous êtes tous de mèche, bande d'enculés», et il se jeta vers lui. Les autres le retinrent. Jacques dit à l'Arabe: «Venez avec moi», et il

1 **le lustre:** Deckenlampe.
2 **la frayeur:** Schrecken.
3 **vaciller:** schwanken.
6 **le mercier:** Kurzwarenhändler.
8 **le bec-de-cane:** geschwungener Griff
9 **la vitre:** Schaufensterscheibe.
11 **précipitamment** (adv.): überstürzt.
18 **vociférer:** schreien, seiner Empörung Luft machen.
21 **être de mèche:** sich verschworen haben, zusammenhalten.
22 **un enculé** (vulg.): unsägliches Schwein.

entra avec lui dans le café qui maintenant était tenu par Jean, son ami d'enfance, le fils du coiffeur. Jean était là, le même, mais ridé, petit et mince, le visage chafouin et attentif. «Il n'a rien fait, dit Jacques. Fais-le entrer chez toi.» Jean regarda l'Arabe en essuyant son zinc. «Viens», dit-il, et ils disparurent dans le fond.

En ressortant, l'ouvrier regardait Jacques de travers. «Il n'a rien fait, dit Jacques. – Il faut tous les tuer. – C'est ce qu'on dit dans la colère. Réfléchis.» L'autre haussa les épaules: «Va là-bas et tu parleras quand tu auras vu la bouillie.» Des timbres d'ambulances s'élevaient, rapides, pressants. Jacques courut jusqu'à l'arrêt du tram. La bombe avait explosé dans le poteau électrique qui se trouvait près de l'arrêt. Et il y avait beaucoup de gens qui attendaient le tramway, tous endimanchés. Le petit café qui se trouvait là était plein de hurlements dont on ne savait si c'était la colère [ou] la souffrance.

Ils s'était retourné vers sa mère. Elle était maintenant toute droite, toute blanche. «Assieds-toi», et il l'amena vers la chaise qui était tout près de la table. Il s'assit près d'elle, lui tenant les mains. «Deux fois cette semaine, dit-elle. J'ai peur de sortir. – Ce n'est rien, dit Jacques, ça va s'arrêter. – Oui», dit-elle. Elle le regardait d'un curieux air indécis, comme si elle était partagée entre la foi qu'elle avait dans l'intelligence de son fils et sa certitude

3 **chafouin:** durchtrieben.
5 **le zinc:** Theke.
7 **regarder de travers:** schief ansehen.
10f. **la bouillie:** Mus, Brei; hier: Blutbad.
11 **le timbre:** Glocke, Klingel.
13 **le poteau:** Mast.
16 **un hurlement:** Gebrüll.

que *la vie tout entière* était faite d'un malheur contre lequel on ne pouvait rien et qu'on pouvait seulement endurer. «Tu comprends, dit-elle, je suis vieille. Je ne peux plus courir.»

pp. 73–75

Une évacuation à la campagne

[L']an passé, quand il a fallu évacuer, ça a été une corrida. La région était devenue invivable. Il fallait dormir avec le fusil. Quand la ferme Raskil a été attaquée, vous vous souvenez? – Non, dit Jacques. – Si, le père et ses deux fils égorgés, la mère et la fille longuement violées et puis à mort … Bref … Le préfet avait eu le malheur de dire aux agriculteurs assemblés qu'il fallait reconsidérer les questions ⟨coloniales⟩, la manière de traiter les Arabes et qu'une page était tournée maintenant. Il s'est entendu dire par le vieux que personne au monde ne ferait la loi chez lui. Mais, depuis, il ne desserrait pas les dents. La nuit, il lui arrivait de se lever et de sortir. Ma mère l'observait par les persiennes et le voyait marcher à travers ses terres. Quand l'ordre d'évacuation est arrivé, il n'a rien dit. Ses vendanges étaient terminées, et

2f. **endurer:** erdulden, ertragen.
7 **évacuer:** evakuieren.
7f. **la corrida:** Aufruhr.
8 **invivable:** ungeeignet zum Leben; hier: zu gefährlich.
11 **égorger:** umbringen.
violer: vergewaltigen.
17f. **ne pas desserrer les dents:** kein Wort sagen.
21 **la vendange:** Weinlese.

le vin en cuve. Il a ouvert les cuves, puis il est allé vers une source d'eau saumâtre qu'il avait lui-même détournée dans le temps et l'a remise dans le droit chemin sur ses terres, et il a équipé un tracteur en défonceuse. Pendant trois jours, au volant, tête nue, sans rien dire, il a arraché les vignes sur toute l'étendue de la propriété. Imaginez cela, le vieux tout sec tressautant sur son tracteur, poussant le levier d'accélération quand le soc ne venait pas à bout d'un cep plus gros que d'autres, ne s'arrêtant même pas pour manger, ma mère lui apportait pain [et] fromage [...] qu'il avalait posément, comme il avait fait toute chose, jetant le dernier quignon pour accélérer encore, tout cela du lever au coucher du soleil, et sans un regard pour les montagnes à l'horizon, ni pour les Arabes vite prévenus et qui se tenaient à distance le regardant faire, sans rien dire eux non plus. Et quand un jeune capitaine, prévenu par on ne sait qui, est arrivé et a demandé des explications, l'autre lui a dit: «Jeune homme, puisque ce que nous avons fait ici est un crime, il faut l'effacer.» Quand tout a été fini, il est revenu vers la ferme et a traversé la cour trempée du vin qui avait fui

1 **la cuve:** Faß.
2 **saumâtre:** salzig, brackig.
4 **la défonceuse:** Rodungsgerät.
7 **tressauter:** auf- und abhüpfen.
8 **le levier d'accéleration** (*f.*): Gashebel.
le soc: Pflugschar.
9 **le cep:** Wurzelstock einer Rebe.
11 **posément** (adv.): mit Hingabe.
12 **le quignon:** Brotrinde.
15 **prévenir:** benachrichtigen.
20 **effacer:** austilgen.
21 **tremper:** durchweichen.

des cuves, et il a commencé ses bagages. Les ouvriers arabes l'attendaient dans la cour.

pp. 167 sq.

Retour en arrière – les premiers colons

Plus tard, dans l'avion qui le ramenait à Alger, Jacques essayait de mettre en ordre les renseignements qu'il avait recueillis. [...] Solferino avait été fondé par des quarante-huitards. «Ah oui, avait dit Veillard, mes arrière-grands-parents en étaient. C'est pour ça que le vieux est une graine de révolutionnaire.» Et il avait précisé que les premiers grands-parents étaient, lui un charpentier du Faubourg Saint-Denis, elle une blanchisseuse de fin. Il y avait beaucoup de chômage à Paris, ça bougeait et la Constituante avait voté cinquante millions pour expédier une colonie. À chacun, on promettait une habitation et de 2 à 10 hectares. «Vous pensez s'il y a eu des candidats. Plus d'un millier. Et tous rêvaient de la Terre promise. Surtout les hommes. Les femmes, elles avaient peur de l'inconnu. Mais eux! Ils n'avaient pas fait la révolution pour rien. C'était le genre à croire au père Noël. Et le père Noël pour eux avait un burnous. Eh bien, ils l'ont eu leur petit Noël. Ils sont

8 **le quarante-huitard:** Anhänger der Revolution von 1848.
10 **la graine:** hier: Nachkomme.
11 f. **le charpentier:** Zimmermann.
12 f. **la blanchisseuse de fin:** Weißwäscherin.
13 f. **bouger:** sich bewegen; hier: in Aufruhr sein, gären.
14 **la Constituante:** Verfassunggebende Versammlung.

partis en 49, et la première maison construite l'a été en 54. Entre-temps ...»
Jacques maintenant respirait mieux. [...] Des détails sortis de leur conversation chez le docteur revenaient vers lui du même mouvement que ces péniches qui, selon le docteur, avaient amené les colons parisiens à Solferino. Du même mouvement, et il n'y avait pas de train à l'époque, non, non, si mais il n'allait que jusqu'à Lyon. Alors, six péniches traînées par des chevaux de halage avec *Marseillaise* et *Chant du départ*, bien sûr, par l'harmonie municipale, et bénédiction du clergé sur les rives de la Seine avec drapeau où était brodé le nom du village encore inexistant mais que les passagers allaient créer par enchantement. La péniche dérivait déjà, Paris glissait, devenait fluide, allait disparaître, que la bénédiction divine soit sur votre entreprise, et même les esprits forts, les durs des barricades, se taisaient, le cœur serré, leurs femmes apeurées tout contre leur force, et dans la cale il fallait coucher sur des paillasses avec le bruit soyeux et l'eau sale à hauteur de la tête, mais d'abord les femmes se déshabillaient derrière des draps de lit qu'elles tenaient les unes après les autres. Où était son père en tout ceci? Nulle part, et cependant ces péniches

5 **la péniche:** Kahn.
9 **le cheval de halage:** Treidelpferde (Zugpferde für Schiffe).
12 **le drapeau:** Fahne.
broder: sticken.
13f. **par enchantement:** auf wunderbare Weise.
14 **dériver:** wegtreiben.
18 **apeuré, e:** angstvoll.
la cale: Laderaum.
19 **la paillasse:** Strohsack.
soyeux, se: leise, sanft, gedämpft.

halées cent ans auparavant sur les canaux de l'automne finissant, dérivant pendant un mois sur les rivières et les fleuves couverts des dernières feuilles mortes, escortées par des coudriers et des saules nus sous le ciel gris, accueillies dans les villes par les fanfares officielles et relancées avec leur chargement de nouveaux romanichels vers un pays inconnu, lui apprenaient plus de choses sur le jeune mort de Saint-Brieuc que les souvenirs ⟨séniles⟩ et désordonnés qu'il était allé chercher. [...] c'était la Kabylie, la partie sauvage et sanglante de ce pays, longtemps sauvage et sanglant, vers lequel il y avait cent ans les ouvriers de 48 entassés dans une frégate à roues, «*Le Labrador*, disait le vieux docteur, c'était son nom, vous imaginez cela, *Le Labrador* pour aller vers les moustiques et le soleil», *Le Labrador* s'activait en tout cas de toutes ses pales, brassant l'eau glacée que le mistral soulevait en tempête, ses ponts balayés pendant cinq jours et cinq nuits par un vent polaire, et les conquérants au fond de ses cales, malades à crever, vomissant les uns sur les autres et désirant mourir, jusqu'à l'entrée dans le port de Bône, avec toute la population sur les quais pour accueillir en musique les aventuriers verdâtres, venus de si loin, ayant quitté la ca-

4 **le coudrier:** Haselstrauch.
le saule: Weide.
6 f. **le romanichel** (péj.): Zigeuner.
12 f. **la frégate à roues:** Raddampfer.
16 **de toutes ses pales:** mit voller Kraft (*la pale*: Schaufel).
brasser: aufwühlen.
18 **balayer:** fegen, kehren; hier: umbrausen.
19 **le conquérant:** Eroberer.
20 **vomir:** sich übergeben.
23 **verdâtre:** grünlich.

pitale de l'Europe avec femmes, enfants et meubles pour atterrir en chancelant, après cinq semaines d'errance, sur cette terre aux lointains bleuâtres, dont ils trouvaient avec inquiétude l'odeur étrange, faite de fumier [et] d'épices [...].

Jacques se retourna dans son fauteuil; il dormait à moitié. Il voyait son père qu'il n'avait jamais vu, dont il ne connaissait même pas la taille, il le voyait sur ce quai de Bône parmi les émigrants, pendant que les palans descendaient les pauvres meubles qui avaient survécu au voyage et que les disputes éclataient à propos de ceux qui s'étaient perdus. Il était là, décidé, sombre, les dents serrées, et après tout n'était-ce pas la même route qu'il avait prise de Bône à Solferino, près de quarante ans plus tôt, à bord de la carriole, sous le même ciel d'automne? Mais la route n'existait pas pour les émigrants, les femmes et les enfants entassés sur les prolonges de l'armée, les hommes à pied, coupant à vue de nez à travers la plaine marécageuse ou le maquis épineux, sous le regard hostile des Arabes groupés de loin en loin et se tenant à distance, accompagnés presque continuellement par la meute hurlante des chiens kabyles, jusqu'à ce qu'ils parviennent à la fin de la journée dans le même

2 **chanceler:** schwanken.
une errance: Irrfahrt.
3 **le lointain:** fernes Land.
bleuâtre: bläulich.
9 **le palan:** Kran.
17 **la prolonge:** militärischer Transportkarren.
18f. **couper à travers:** querfeldein fahren.
19 **marécageux, se:** sumpfig.
le maquis: Dickicht.
épineux, se: dornenreich.

pays que son père quarante ans auparavant, plat, entouré de hauteurs lointaines, sans une habitation, sans un lopin de terre cultivé, couvert seulement d'une poignée de tentes militaires couleur de terre, rien qu'un espace nu et désert, ce qui était pour eux l'extrémité du monde, entre le ciel désert et la terre dangereuse, et les femmes pleuraient alors dans la nuit, de fatigue, de peur et de déception.

La même arrivée de nuit dans un lieu misérable et hostile, les mêmes hommes et ensuite, et ensuite ... Oh! Jacques ne savait pas pour son père, mais pour les autres, c'était bien la même chose, il avait fallu se secouer devant les soldats qui riaient et s'installer dans les tentes. Les maisons seraient pour plus tard, on allait les construire et puis distribuer les terres, le travail, le travail sacré sauverait tout. «Pas pour tout de suite, le travail ...», avait dit Veillard. La pluie, la pluie algérienne, énorme, brutale, inépuisable, était tombée pendant huit jours, la Seybouse avait débordé. Les marais venaient au bord des tentes, et ils ne pouvaient sortir, frères ennemis dans la sale promiscuité des énormes tentes qui résonnaient sous l'averse interminablement, et pour échapper à la puanteur ils avaient coupé des roseaux creux pour

3 **le lopin:** Stück.
3f. **la poignée:** Handvoll.
12 **se secouer:** sich anstrengen.
18 **inépuisable:** unerschöpflich.
21 **la promiscuité:** Menge von Männern und Frauen.
22 **une averse:** heftiger Regenschauer.
23 **la puanteur:** Gestank.
le roseau: Schilfrohr.
creux, se: hohl.

pouvoir uriner du dedans au-dehors, et, dès que la pluie avait cessé, au travail en effet sous la direction du charpentier pour édifier des baraquements légers.

«Ah! les braves gens», disait Veillard qui riait. «Ils ont terminé leurs petites cagnas au printemps, et puis ils ont eu droit au choléra. Si j'en crois le vieux, l'aïeul charpentier y a perdu sa fille et sa femme, qui avaient bien raison d'hésiter devant le voyage. – Eh bien oui», disait en marchant de long en large le vieux docteur, toujours droit et fier dans ses leggins et qui ne pouvait rester assis, «il y en mourait une dizaine par jour. Les chaleurs étaient venues prématurément, on cuisait dans les baraques. Et pour l'hygiène, n'est-ce pas? Bref, il en mourait une dizaine par jour». Ses confrères, des militaires, étaient dépassés. Drôles de confrères, d'ailleurs. Ils avaient épuisé tous leurs remèdes. Alors, ils ont eu une idée. Il fallait danser pour s'échauffer le sang. Et toutes les nuits, après le travail, les colons dansaient entre deux enterrements, au son du violon. Eh bien, ça n'était pas si mal calculé. Avec la chaleur, les braves gens transpiraient tout ce qu'ils savaient, et l'épidémie s'est arrêtée. «C'est une idée à creuser.» Oui c'était une idée. Dans la nuit chaude et humide, entre les baraquements où dormaient les malades, le violoneux assis sur une caisse, avec une lanterne près de lui autour de laquelle bourdonnaient les moustiques et les insectes, les conquérants

5 **la cagna:** primitive Hütte.
6 **un aïeul:** Ahnherr.
10 **le leggin:** Gamasche, Beinschutz.
12 **prématurément** (adv.): vorzeitig.
15 **être dépassé, e:** überfordert sein.
22 **creuser** (fig.): genauer überlegen, durchdenken.

en robe longue et en costume de drap dansaient, transpiraient gravement autour d'un grand feu de broussailles, pendant qu'aux quatre coins du campement la garde veillait pour défendre les assiégés contre les lions à crinière noire, les voleurs de bétail, les bandes arabes et parfois aussi les razzias d'autres colonies françaises qui avaient besoin de distraction ou de provisions. Plus tard, on avait donné enfin des terres, des parcelles dispersées loin du village de baraques. Plus tard, on avait construit le village avec des remparts de terre. Mais les deux tiers des émigrants étaient morts, là comme dans toute l'Algérie, sans avoir touché la pioche et la charrue. [...] Mais toujours le fusil et les soldats autour, et même pour laver le linge dans la Seybouse il fallait une escorte pour celles qui autrefois, au lavoir de la rue des Archives, tenaient en travaillant un salon pacifique, et le village lui-même était souvent attaqué de nuit, comme en 51 pendant l'une des insurrections où des centaines de cavaliers en burnous virevoltant autour des remparts avaient fini par fuir en voyant les tuyaux de poêle braqués par les assiégés pour simuler des canons, édifiant et travaillant en pays ennemi, qui refusait l'occupation et se vengeait sur tout ce qu'il trouvait, et pourquoi Jacques pensait-il

2f. **les broussailles** *f.:* Gestrüpp.
4f. **la crinière:** Mähne.
10 **le rempart:** Wall, Befestigung.
12 **la pioche:** Hacke.
la charrue: Pflug.
15 **le lavoir:** Waschanstalt.
18 **une insurrection:** Aufstand.
19 **virevolter:** wild umherreiten.
20 **le tuyau:** Rohr.

à sa mère pendant que l'avion montait et redescendait maintenant? En revoyant ce char embourbé sur la route de Bône, où les colons avaient laissé une femme enceinte pour aller chercher de l'aide et où ils retrouveraient la femme le ventre ouvert et les seins coupés. «C'était la guerre», disait Veillard.

pp. 171–177

À la recherche du père

Au carré des morts de 1914–1918

Le voyageur demanda le carré des morts de la guerre de 1914. «Oui, dit l'autre. Ça s'appelle le carré du Souvenir français. Quel nom cherchez-vous? – Henri Cormery», répondit le voyageur.

Le gardien ouvrit un grand livre couvert de papier d'emballage et suivit de son doigt terreux une liste de noms. Son doigt s'arrêta. «Cormery Henri, dit-il, blessé mortellement à la bataille de la Marne, mort à Saint-Brieuc le 11 octobre 1914. – C'est ça», dit le voyageur. Le gardien referma le livre. «Venez», dit-il. Et il le précéda vers les premières rangées de tombes, les unes modestes, les

2 **le char:** Karren.
embourber: steckenbleiben.
3 f. **enceinte:** schwanger.
5 **le sein:** weibliche Brust.
10 **le carré des morts:** Gräberfeld.
11 f. **le Souvenir français:** Französische Kriegsgräberfürsorge.
15 **terreux, se:** mit Erde beschmutzt.
20 **la rangée:** Reihe.

autres prétentieuses et laides, toutes couvertes de ce bric-à-brac de marbre et de perles qui déshonorerait n'importe quel lieu du monde. «C'est un parent? demanda le gardien d'un air distrait. – C'est mon père. – C'est dur, dit l'autre. – Mais non. Je n'avais pas un an quand il est mort. Alors, vous comprenez. – Oui, dit le gardien, n'empêche. Il y a eu trop de morts.» Jacques Cormery ne répondit rien. Certainement, il y avait eu trop de morts, mais, quant à son père, il ne pouvait pas s'inventer une piété qu'il n'avait pas. Depuis des années qu'il vivait en France, il se promettait de faire ce que sa mère, restée en Algérie, ce qu'elle lui demandait depuis si longtemps: aller voir la tombe de son père qu'elle-même n'avait jamais vue. Il trouvait que cette visite n'avait aucun sens, pour lui d'abord qui n'avait pas connu son père, ignorait à peu près tout de ce qu'il avait été, et qui avait horreur des gestes et des démarches conventionnelles, pour sa mère ensuite qui ne parlait jamais du disparu et qui ne pouvait rien imaginer de ce qu'il allait voir. [...] «C'est ici», dit le gardien. Ils étaient arrivés devant un carré entouré de petites bornes de pierre grise réunies par une grosse chaîne peinte en noir. Les pierres, nombreuses, étaient toutes semblables, de simples rectangles gravés, placés à intervalles réguliers par rangées successives. Toutes étaient ornées d'un petit bouquet de fleurs fraîches. «C'est le Souvenir français qui se charge de l'entretien depuis quarante ans. Tenez,

1 **prétentieux, se:** protzig.
2 **le bric-à-brac:** Krimskrams.
7 **n'empêche:** trotzdem.
21 **la borne:** Randstein.

il est là.» Il montrait une pierre dans la première rangée. Jacques Cormery s'arrêta à quelque distance de la pierre. «Je vous laisse», dit le gardien. Cormery s'approcha de la pierre et la regarda distraitement. Oui, c'était bien son nom. Il leva les yeux. Dans le ciel plus pâle, des petits nuages blancs et gris passaient lentement, et du ciel tombait tour à tour une lumière légère puis obscurcie. Autour de lui, dans le vaste champ des morts, le silence régnait. Une rumeur sourde venait seule de la ville par-dessus les hauts murs. Parfois, une silhouette noire passait entre les tombes lointaines. Jacques Cormery, le regard levé vers la lente navigation des nuages dans le ciel, tentait de saisir derrière l'odeur des fleurs mouillées la senteur salée qui venait en ce moment de la mer lointaine et immobile quand le tintement d'un seau contre le marbre d'une tombe le tira de sa rêverie. C'est à ce moment qu'il lut sur la tombe la date de naissance de son père, dont il découvrit à cette occasion qu'il l'ignorait. Puis il lut les deux dates, «1885–1914» et fit un calcul machinal: vingt-neuf ans. Soudain un idée le frappa qui l'ébranla jusque dans son corps. Il avait quarante ans. L'homme enterré sous cette dalle, et qui avait été son père, était plus jeune que lui.

Et le flot de tendresse et de pitié qui d'un coup vint lui emplir le cœur n'était pas le mouvement d'âme qui porte

7f. **obscurcir:** verdunkeln, abschatten.
9 **la rumeur:** Dröhnen, Geräuschkulisse.
13 **mouillé, e:** naß.
14 **la senteur:** Aroma, Geschmack.
15 **le tintement:** Klappern.
21 **ébranler:** erschüttern.
22 **la dalle:** Steinplatte.

le fils vers le souvenir du père disparu, mais la compassion bouleversée qu'un homme fait ressent devant l'enfant injustement assassiné – quelque chose ici n'était pas dans l'ordre naturel et, à vrai dire, il n'y avait pas d'ordre mais seulement folie et chaos là où le fils était plus âgé que le père.

pp. 27–30

La nouvelle de la mort

Lucie Cormery et sa mère étaient assises sur deux chaises basses, triant des lentilles sous la lumière de l'imposte au-dessus de l'escalier, et le bébé dans une petite corbeille à linge suçait une carotte pleine de sa bave, quand un monsieur, grave et bien habillé, avait surgi dans l'escalier avec une sorte de pli. Les deux femmes surprises avaient posé les assiettes où elles triaient les lentilles qu'elles prenaient dans une marmite placée entre elles et s'essuyaient les mains quand le monsieur, qui s'était arrêté sur l'avant-dernière marche, les avait priées de ne pas bouger, avait demandé Madame Cormery, «la

1 f. **la compassion:** Mitleid.
2 **bouleversé, e:** erschüttert, tief bewegt.
fait, e: hier: erwachsen.
10 **trier:** auslesen.
la lentille: Linse.
10 f. **un imposte:** Oberlicht.
12 **la corbeille:** Korb.
sucer qc: an etwas lutschen.
la bave: Speichel.
14 **le pli:** Briefumschlag.
16 **la marmite:** Kochtopf.

voilà, avait dit la grand-mère, je suis sa mère», et le monsieur avait dit qu'il était le maire, qu'il apportait une douloureuse nouvelle, que son mari était mort au champ d'honneur et que la France qui le pleurait en même temps qu'elle était fière de lui. Lucie Cormery ne l'avait pas entendu, mais s'était levée et lui tendait la main avec beaucoup de respect, la grand-mère s'était dressée, la main sur la bouche, et répétait «mon dieu» en espagnol. Le monsieur avait gardé la main de Lucie dans sa main, puis l'avait encore serrée dans ses deux mains, avait murmuré des paroles de consolation et puis lui avait donné son pli, s'était retourné et avait descendu les escaliers d'un pas lourd. «Qu'est-ce qu'il a dit? avait demandé Lucie. – Henri est mort. Il a été tué.» Lucie regardait le pli qu'elle n'ouvrait pas, ni elle ni sa mère ne savaient lire, elle le retournait, sans mot dire, sans une larme, incapable d'imaginer cette mort si lointaine, au fond d'une nuit inconnue. Et puis elle avait mis le pli dans la poche de son tablier de cuisine, était passée près de l'enfant sans le regarder et était allée dans la chambre qu'elle partageait avec ses deux enfants, avait fermé la porte et les persiennes de la fenêtre qui donnait sur la cour et s'était étendue sur son lit, où elle était restée muette et sans larmes pendant de longues heures à serrer dans sa poche le pli qu'elle ne pouvait lire et à regarder dans le noir le malheur qu'elle ne comprenait pas.

pp. 71 sq.

19 **le tablier:** Schürze.
22 **la persienne:** Jalousie.

La peine de mort

Même ce détail, qui, enfant, l'avait tant impressionné, qui l'avait poursuivi toute sa vie et jusque dans ses rêves, son père levé à trois heures pour aller assister à l'exécution d'un criminel fameux, il l'avait appris de sa grand-mère. Pirette était ouvrier agricole dans une ferme du Sahel, assez près d'Alger. Il avait tué à coups de marteau ses maîtres et les trois enfants de la maison. «Pour voler?» avait demandé Jacques enfant. «Oui», avait dit l'oncle Étienne. «Non», avait dit la grand-mère, mais sans donner d'autres explications. On avait trouvé les cadavres défigurés, la maison ensanglantée jusqu'au plafond et, sous l'un des lits, le plus jeune des enfants respirant encore et qui devait mourir aussi, mais qui avait trouvé la force d'écrire sur le mur blanchi à la chaux, avec son doigt trempé de sang: «C'est Pirette.» On avait poursuivi le meurtrier et on l'avait trouvé hébété dans la campagne. L'opinion publique horrifiée réclamait une peine de mort qu'on ne lui marchanda pas, et l'exécution se déroula à Alger devant la prison de Barberousse, en présence d'une foule considérable. Le père de Jacques s'était levé dans la nuit et était parti pour assister à la punition exemplaire d'un crime qui, d'après la grand-mère, l'avait indigné. Mais on ne sut jamais ce qui s'était passé. L'exécution avait eu lieu sans incident, apparemment.

12 **défiguré, e:** entstellt.
ensanglanté, e: blutüberströmt.
16 **trempé, e:** getränkt.
17 **hébété, e:** stumpfsinnig.
18 **horrifié, e:** entsetzt.
25 **un incident:** Zwischenfall.

Mais le père de Jacques était revenu livide, s'était couché, puis levé pour aller vomir plusieurs fois, puis recouché. Il n'avait plus jamais voulu parler ensuite de ce qu'il avait vu. Et, le soir où il entendit ce récit, Jacques lui-même, étendu au bord du lit pour éviter de toucher son frère avec qui il couchait, ramassé sur lui-même, ravalait une nausée d'horreur, en ressassant les détails qu'on lui avait racontés et ceux qu'il imaginait. Et, sa vie durant, ces images l'avaient poursuivi jusque dans ses nuits où de loin en loin, mais régulièrement, revenait un cauchemar privilégié, varié dans ses formes, mais dont le thème était unique: on venait le chercher, lui, Jacques, pour l'exécuter. Et longtemps, au réveil, il avait secoué sa peur et son angoisse et retrouvé avec soulagement la bonne réalité où il n'y avait strictement aucune chance qu'il fût exécuté.

pp. 79–81

1 **livide:** leichenblaß.
6 **ramassé sur lui-même:** zusammengerollt.
6f. **ravaler:** wieder hinunterschlucken; hier: unterdrücken.
7 **la nausée:** Brechreiz, Übelkeit.
ressasser: noch einmal überdenken, sich zurückrufen.
11 **un cauchemar:** Alptraum.

Une enfance sans père (I)

A benidor

Jacques n'aimait pas faire la sieste. «A benidor», pensait-il avec rancune et c'était l'expression bizarre de sa grand-mère lorsqu'il était enfant à Alger et qu'elle l'obligeait à l'accompagner dans sa sieste. Les trois pièces du petit appartement d'un faubourg d'Alger étaient plongées dans l'ombre zébrée des persiennes soigneusement fermées. La chaleur cuisait au-dehors les rues sèches et poussiéreuses, et, dans la pénombre des pièces, une ou deux grosses mouches énergiques cherchaient infatigablement une issue avec un vrombissement d'avion. Il faisait trop chaud pour descendre dans la rue rejoindre les camarades, eux-mêmes retenus de force chez eux. Il faisait trop chaud pour lire les *Pardaillan* ou *L'Intrépide*. Quand la grand-mère n'était pas là, par extraordinaire, ou bavardait avec la voisine, l'enfant écrasait son nez aux persiennes de la salle à manger qui donnait sur la rue. La chaussée était déserte. Devant les magasins de chaussures et de mercerie en face, les stores de toile rouge et jaune étaient descendus, l'entrée du bureau de

2 **a benidor:** heia, heia (Kindersprache).
4 **la rancune:** Groll.
8 **zébré, e:** gestreift.
10 **poussiéreux, se:** staubig.
la pénombre: Halbdunkel.
12 **le vrombissement:** Dröhnen, Brummen.
15 **Pardaillan, L'Intrépide:** Jugend-, Abenteuerlektüren.
17 **bavarder:** plaudern.
écraser: (platt)drücken.
20 **la toile:** Stoff, Tuch.

tabac était masquée par un rideau de perles multicolores, et chez Jean, le cafetier, la salle était déserte, à l'exception du chat qui, sur la frontière du sol couvert de sciure et le trottoir poussiéreux, dormait comme s'il était mort.

L'enfant se retournait alors vers la pièce quasi nue, peinte à la chaux, meublée au centre d'une table carrée, avec le long des murs un buffet, un petit bureau couvert de cicatrices et de taches d'encre et, à même le sol, un petit sommier recouvert d'une couverture où, le soir venu, couchait l'oncle à demi muet, et cinq chaises. Dans un coin, sur une cheminée dont le dessus seul était de marbre, un petit vase à col élancé décoré de fleurs, comme on en trouve dans les foires. L'enfant, pris entre les deux déserts de l'ombre et du soleil, se mettait à tourner autour de la table sans trêve, du même pas précipité, en répétant comme une litanie: «Je m'ennuie! Je m'ennuie!» Il s'ennuyait, mais en même temps il y avait un jeu, une joie, une sorte de jouissance dans cet ennui, car la fureur le prenait en entendant le «A benidor» de la grand-mère enfin revenue. Mais ses protestations n'y faisaient rien. La grand-mère, qui avait élevé neuf enfants dans le bled, avait ses idées sur l'éducation. L'en-

4 **la sciure:** Sägemehl.
9 **la cicatrice:** Narbe; hier: Kerbe, Schramme.
la tache: Fleck.
10 **le sommier:** Bettrost.
13 **élancé, e:** lang, hoch.
14 **la foire:** Jahrmarkt.
16 **précipité, e:** hastig.
19 **la jouissance:** Genuß.
23 **le bled:** Dorf.

fant était poussé d'un seul coup dans la chambre. C'était l'une des deux pièces qui donnaient sur la cour. L'autre contenait deux lits, celui de sa mère et celui où lui-même couchait avec son frère. La grand-mère avait droit à une chambre pour elle seule. Mais, dans son haut et grand lit de bois, elle accueillait souvent l'enfant pour la nuit et tous les jours pour la sieste. Il ôtait ses sandales et se hissait sur le lit. Il devait prendre la place du fond contre le mur depuis le jour où il s'était laissé glisser à terre pendant le sommeil de la grand-mère pour aller reprendre sa ronde autour de la table en murmurant sa litanie. Une fois au fond, il regardait sa grand-mère ôter sa robe et rabaisser sa chemise de grosse toile, coulissée dans le haut par un ruban qu'elle défaisait alors. Puis elle montait à son tour sur le lit, et l'enfant sentait près de lui l'odeur de chair âgée pendant qu'il regardait les grosses veines bleues et les taches de vieillesse qui déformaient les pieds de sa grand-mère. «Allez, répétait-elle. A benidor», et elle s'endormait très vite, pendant que l'enfant, les yeux ouverts, suivait les va-et-vient des mouches infatigables.

Oui, il avait détesté ça pendant des années, et plus tard encore, devenu homme, et jusqu'à ce qu'il ait été gravement malade, il ne pouvait se résoudre à s'étendre après déjeuner par les fortes chaleurs.

pp. 41–44

7f. **se hisser:** sich hochziehen.
13 **coulissé, e:** gerafft.
16 **la chair:** Fleisch.

Les loisirs

À droite, un établissement de bains offrait ses cabines et, les jours de fête, sa salle, une grande boîte de bois montée sur pilotis, pour danser. Tous les jours, à la saison, un marchand de frites activait son fourneau. La plupart du temps, le petit groupe n'avait même pas l'argent d'un cornet. Si par hasard l'un d'entre eux avait la pièce nécessaire, il achetait son cornet, avançait gravement vers la plage, suivi du cortège respectueux des camarades et, devant la mer, à l'ombre d'une vieille barque démantibulée, plantant ses pieds dans le sable, il se laissait tomber sur les fesses, portant d'une main son cornet bien vertical et le couvrant de l'autre pour ne perdre aucun des gros flocons croustillants. L'usage était alors qu'il offrît une frite à chacun des camarades, qui savourait religieusement l'unique friandise chaude et parfumée d'huile forte qu'il leur laissait. Puis ils regardaient le favorisé qui, gravement, savourait une à une le restant des frites. Au fond du paquet, restaient toujours des dé-

4 **le pilotis:** Pfahlwerk.
5 **activer:** hier: schüren, anheizen.
7 **le cornet:** Spitztüte.
9 **le cortège:** Gefolge.
10f. **démantibuler:** zerfallen, aus dem Leim gehen.
12 **la fesse:** Hinterbacke.
14 **le flocon:** Flocke.
croustillant, e: knusprig.
15f. **savourer:** sich schmecken lassen.
16 **la friandise:** Leckerspeise.
18 **favoriser:** begünstigen, bevorzugen.
19f. **les débris** *m.*: Bruchstücke.

bris de frites. On suppliait le repu de bien vouloir les partager. Et la plupart du temps, sauf s'il s'agissait de Jean, il dépliait le papier gras, étalait les miettes de frites et autorisait chacun à se servir, tour à tour, d'une miette. Il fallait simplement une «poire» pour décider qui attaquerait le premier et pourrait par conséquent prendre la plus grosse miette. Le festin terminé, plaisir et frustration aussitôt oubliés, c'était la course vers l'extrémité ouest de la plage, sous le dur soleil, jusqu'à une maçonnerie à demi détruite qui avait dû servir de fondation à un cabanon disparu et derrière laquelle on pouvait se déshabiller. En quelques secondes, ils étaient nus, l'instant d'après dans l'eau, nageant vigoureusement et maladroitement, s'exclamant, bavant et recrachant, se défiant à des plongeons ou à qui resterait le plus longtemps sous l'eau. La mer était douce, tiède, le soleil léger maintenant sur les têtes mouillées, et la gloire de la lumière

1 **supplier:** anflehen.
repu, e: satt, vollgestopft.
3 **déplier:** auffalten.
étaler: ausbreiten.
la miette: Krümel.
5 **la poire:** naiver, harmloser Mensch; hier: Schiedsrichter.
7 **le festin:** Festmahl.
9f. **la maçonnerie:** Mauerwerk.
11 **le cabanon:** Hütte.
13 **vigoureusement** (adv.): kraftvoll.
13f. **maladroitement** (adv.): ungeschickt.
14 **s'exclamer:** schreien.
baver: sabbern.
recracher: ausspucken.
14f. **se défier:** sich herausfordern.
15 **le plongeon:** Kopfsprung.

emplissait ces jeunes corps d'une joie qui les faisait crier sans arrêt. Ils régnaient sur la vie et sur la mer, et ce que le monde peut donner de plus fastueux, ils le recevaient et en usaient sans mesure, comme des seigneurs assurés de leurs richesses irremplaçables.

Ils en oubliaient même l'heure, courant de la plage à la mer, séchant sur le sable l'eau salée qui les faisait visqueux, puis lavant dans la mer le sable qui les habillait de gris. [...] Il faisait encore jour, mais des lampes s'allumaient déjà en prévision du rapide crépuscule d'Afrique. Pierre, généralement, était le premier à donner le signal: «Il est tard», et aussitôt, c'était la débandade, l'adieu rapide. Jacques avec Joseph et Jean couraient vers leurs maisons sans se soucier des autres. Ils galopaient hors de souffle. La mère de Joseph avait la main leste. Quant à la grand-mère de Jacques ... Ils couraient toujours dans le soir qui descendait à toute allure, affolés par les premiers becs de gaz, les tramways éclairés qui fuyaient devant eux, accélérant leur course, atterrés de voir la nuit déjà installée, et se quittaient sur le pas de la porte sans même se dire au revoir. Ces soirs-là, Jacques s'arrêtait dans l'escalier obscur et puant, il s'appuyait dans la nuit contre le mur et attendait que se calme son cœur bondissant. Mais il ne pouvait attendre, et de le sa-

3 **fastueux, se:** großartig, prächtig.
7f. **visqueux, se:** schmierig.
10 **le crépuscule:** Dämmerung.
12f. **la débandade:** ungeordnete Flucht, Auseinanderrennen.
15f. **avoir la main leste:** eine lockere Hand haben, schnell zuschlagen.
18 **le bec de gaz:** Gaslaterne.
19 **atterré, e:** völlig niedergeschlagen.
22 **puant, e:** stinkend.
24 **bondissant, e:** hüpfend; hier: wild schlagend.

voir le rendait plus haletant. En trois enjambées, il était sur le palier, il passait devant la porte des cabinets de l'étage, et il ouvrait sa porte. Il y avait de la lumière dans la salle à manger au bout du couloir, et, glacé, il entendait le bruit des cuillères dans les assiettes. Il entrait. Autour de la table, sous la lumière ronde de la lampe à pétrole, l'oncle à demi muet continuait d'aspirer bruyamment sa soupe; sa mère, encore jeune, les cheveux abondants et bruns, le regardait de son beau regard doux. «Tu sais bien ...», commençait-elle. Mais, droite dans sa robe noire, la bouche ferme, les yeux clairs et sévères, la grand-mère, dont il ne voyait que le dos, coupait sa fille. «D'où viens-tu? disait-elle. – Pierre m'a montré le devoir de calcul.» La grand-mère se levait et s'approchait de lui. Elle reniflait ses cheveux, puis lui passait sa main sur les chevilles encore pleines de sable. «Tu viens de la plage.» «Alors tié menteur», articulait l'oncle. Mais la grand-mère passait derrière lui, prenait derrière la porte de la salle la cravache grossière, dite nerf de bœuf, qui y pendait et lui cinglait les jambes et les fesses de trois ou quatre coups qui le brûlaient à hurler.

1 **haletant, e:** keuchend.
2 **le palier:** Treppenabsatz.
les cabinets *m.:* Toilette außerhalb der Wohnung.
4 **glacé, e:** eiskalt, erstarrt.
12f. **couper qn:** jdm. das Wort abschneiden.
15 **renifler qc:** an etwas schnuppern.
16 **la cheville:** Knöchel.
17 **tiè:** *tu es*.
19 **la cravache:** Peitsche.
grossier, ère: dick, grobschlächtig.
20 **le nerf de bœuf:** Ochsenziemer.
cingler: überziehen.
21 **hurler:** heulen.

Un peu plus tard, la bouche et la gorge pleines de larmes, devant son assiette de soupe que l'oncle apitoyé lui avait servie, il se tendait tout entier pour empêcher les larmes de déborder. Et sa mère, après un rapide regard à la grand-mère, tournait vers lui le visage qu'il aimait tant: «Mange ta soupe, disait-elle. C'est fini. C'est fini.» C'est alors qu'il se mettait à pleurer.

pp. 53–56

La mère

Portrait

Il la serrait dans ses bras, sur le seuil même de la porte, encore essoufflé d'avoir monté l'escalier quatre à quatre, d'un seul élan infaillible, sans manquer une marche, comme si son corps conservait toujours la mémoire exacte de la hauteur des marches. En descendant du taxi, dans la rue déjà très animée, encore luisante par endroits des arrosages du matin que la chaleur naissante commençait de dissiper en buée, il l'avait aperçue, à la même place que jadis, sur l'étroit et unique balcon de l'appartement entre les deux pièces, au-dessus de la mar-

2 **apitoyer:** mitleidig stimmen.
3 **se tendre:** sich anspannen, sich anstrengen.
4 **déborder:** überlaufen.
13 **infaillible:** unfehlbar.
17 **un arrosage:** Sprengen, Begießen.
18 **dissiper:** zerstreuen, auflösen.
la buée: Dunst.

quise du coiffeur [...]. Elle était là, avec ses cheveux toujours abondants mais devenus blancs depuis des années, encore droite cependant malgré ses soixante-douze ans, on lui aurait donné dix ans de moins à cause de son extrême minceur et de sa vigueur encore apparente, et il en était ainsi de toute la famille, tribu de maigres à l'allure nonchalante et dont l'énergie était infatigable, sur qui la vieillesse semblait n'avoir pas de prise. À cinquante ans, l'oncle Émile, à demi muet, semblait un jeune homme. La grand-mère était morte sans courber la tête. Et quant à sa mère, vers qui il courait maintenant, il semblait que rien ne réduirait sa douce ténacité, puisque des dizaines d'années de travail épuisant avaient respecté en elle la jeune femme que Cormery enfant admirait de tous ses yeux.

Quand il arriva devant la porte, sa mère l'ouvrait et se jetait dans ses bras. Et là, comme chaque fois qu'ils se retrouvaient, elle l'embrassait deux ou trois fois, le serrant contre elle de toutes ses forces, et il sentait contre ses bras les côtes, les os durs et saillants des épaules un peu tremblantes, tandis qu'il respirait la douce odeur de sa peau qui lui rappelait cet endroit, sous la pomme d'Adam, entre les deux tendons jugulaires, qu'il n'osait plus embrasser chez elle, mais qu'il aimait respirer et

5 **la minceur:** Schlankheit.
la vigueur: Stärke, Kraft.
6 **la tribu:** Stamm; hier: Sippe, Verwandtschaft.
10 **courber:** beugen.
12 **la ténacité:** Zähigkeit.
20 **saillant, e:** herausragend.
23 **le tendon jugulaire:** Sehne am Hals (*jugulaire:* Kehl-).

caresser étant enfant et les rares fois où elle le prenait sur ses genoux et où il faisait semblant de s'endormir, le nez dans ce petit creux qui avait pour lui l'odeur, trop rare dans sa vie d'enfant, de la tendresse. Elle l'embrassait et puis, après l'avoir lâché, le regardait et le reprenait pour l'embrasser encore une fois, comme si, ayant mesuré en elle-même tout l'amour qu'elle pouvait lui porter ou lui exprimer, elle avait décidé qu'une mesure manquait encore. «Mon fils, disait-elle, tu étais loin.» Et puis, tout de suite après, détournée, elle retournait dans l'appartement et allait s'asseoir dans la salle à manger qui donnait sur la rue, elle semblait ne plus penser à lui ni d'ailleurs à rien, et le regardait même parfois avec une étrange expression, comme si maintenant, ou du moins il en avait l'impression, il était de trop et dérangeait l'univers étroit, vide et fermé où elle se mouvait solitairement. Ce jour-là, de surcroît, après qu'il se fut assis près d'elle, elle semblait habitée par une sorte d'inquiétude et regardait de temps en temps dans la rue, furtivement, de son beau regard sombre et fiévreux qui s'apaisait ensuite en revenant sur Jacques.

pp. 57–59

Il n'y avait rien à voir ici, et peu à dire, et c'est pourquoi il ignorait tout de sa mère, sauf ce qu'il en connaissait lui-même. Et de son père.

«Papa?» Elle le regardait et devenait attentive.

17 **de surcroît:** außerdem.
19f. **furtivement** (adv.): flüchtig, verstohlen.
20 **fiévreux, se:** fiebrig.
20f. **s'apaiser:** sich beruhigen.

«Oui.
– Il s'appelait Henri et puis quoi?
– Je ne sais pas.
– Il n'avait pas d'autres noms?
– Je crois, mais je souviens pas.»
Soudain distraite, elle regardait la rue où le soleil frappait maintenant de toute sa force.
«Il me ressemblait?
– Oui, c'était toi, craché. Il avait les yeux clairs. Et le front, comme toi.
– En quelle année il est né?
– Je ne sais pas. Moi, j'avais quatre ans de plus que lui.
– Et toi, en quelle année?
– Je ne sais pas. Regarde le livret de famille.»
Jacques se rendit dans la chambre, il ouvrit l'armoire. Entre les serviettes, sur l'étagère du haut, il y avait le livret de famille, le carnet de pension et quelques vieux papiers rédigés en espagnol. Il revint avec les documents.
«Il est né en 1885 et toi en 1882. Tu avais trois ans de plus que lui.
– Ah! je croyais quatre. Il y a longtemps.
– Tu m'as dit qu'il avait perdu très tôt son père et sa mère et que ses frères l'avaient mis à l'orphelinat.
– Oui. Sa sœur aussi.
– Ses parents avaient une ferme?

9 **craché, e:** hier (fam.): wie aus dem Gesicht geschnitten.
15 **le livret de famille:** Familienstammbuch.
18 **le carnet de pension:** Rentenbuch.
25 **un orphelinat:** Waisenhaus.

– Oui. C'étaient des Alsaciens.

– À Ouled-Fayet.

– Oui. Et nous à Cheraga. C'est tout près.

– À quel âge a-t-il perdu ses parents?

– Je ne sais pas. Oh! il était jeune. Sa sœur l'a laissé. Ce n'est pas bien. Il ne voulait plus les voir.

– Quel âge avait sa sœur?

– Je ne sais pas.

– Et ses frères? Il était le plus jeune?

– Non. Le deuxième.

– Mais alors, ses frères étaient trop jeunes pour s'occuper de lui.

– Oui. C'est ça.

– Alors, ce n'était pas de leur faute.

– Si, il leur en voulait. Après l'orphelinat, à seize ans, il est rentré à la ferme de sa sœur. On le faisait trop travailler. C'était trop.

– Il est venu à Cheraga.

– Oui. Chez nous.

– C'est là que tu l'as connu?

– Oui.»

Elle détourna la tête à nouveau vers la rue, et il se sentit impuissant à continuer sur cette voie. Mais elle prit elle-même une autre direction.

«Il savait pas lire, tu comprends. À l'orphelinat, on apprenait rien.

– Mais tu m'as montré des cartes qu'il t'a envoyées de la guerre.

– Oui, il a appris avec M. Classiault.

– Chez Ricome.

23 **impuissant, e:** unfähig.

– Oui. M. Classiault c'était le chef. Il lui a appris à lire et à écrire.
– À quel âge?
– À vingt ans, je crois. Je ne sais pas. C'est vieux, tout ça. Mais quand on s'est mariés, il avait bien appris les vins et il pouvait travailler partout. Il avait de la tête.»
Elle le regardait.
«Comme toi.
– Et après?
– Après? Ton frère est venu. Ton père travaillait pour Ricome, et Ricome l'a envoyé dans sa ferme à Saint-Lapôtre.
– Saint-Apôtre?
– Oui. Et puis il y a eu la guerre. Il est mort. On m'a envoyé l'éclat d'obus.»
L'éclat d'obus qui avait ouvert la tête de son père était dans une petite boîte de biscuits derrière les mêmes serviettes de la même armoire, avec les cartes écrites du front et qu'il pouvait réciter par cœur dans leur sécheresse et leur brièveté. «Ma chère Lucie. Je vais bien. Nous changeons de cantonnement demain. Fais bien attention aux enfants. Je t'embrasse. Ton mari.»

pp. 62–65

15 **un éclat d'obus** (*m.*): Granatsplitter.
21 **le cantonnement:** Quartier.

Une jeune veuve

Il y avait [...] une [...] colère dont Jacques n'aimait pas à se souvenir parce qu'il ne désirait pas, lui, en savoir la cause. Pendant toute une période, un monsieur Antoine, une vague connaissance d'Ernest, marchand de poissons au marché, Maltais d'origine, d'assez beau maintien, mince et grand, et qui portait toujours une sorte d'étrange melon de couleur sombre en même temps qu'un mouchoir à carreaux roulé qu'il nouait autour de son cou, à l'intérieur de sa chemise, était venu régulièrement le soir, avant dîner, à la maison. En y réfléchissant plus tard, Jacques nota ce qui ne l'avait pas frappé d'abord, que sa mère s'habillait un peu plus coquettement, mettait des tabliers de couleur claire et même qu'on lui voyait un soupçon de rouge aux joues. C'était aussi l'époque où les femmes commencèrent à se couper les cheveux, qu'elles portaient longs jusque-là. [...] La nouvelle mode paraissait à la fois ridicule et coupable à la grand-mère qui, sous-estimant la force réelle de la mode, assurait sans se soucier de la logique que seules les femmes qui «faisaient la vie» consentiraient à se ridiculiser ainsi. La mère de Jacques se l'était tenue pour dit, et pourtant, un an après, à peu près à l'époque des visites d'Antoine, elle était rentrée, un soir, les cheveux coupés, rajeunie et fraîche, et déclarant avec une fausse

6 **le maintien:** Haltung, Äußeres.
9 **à carreaux** (*m.*): kariert.
13f. **coquettement** (adv.): chic.
15 **un soupçon** (fam.): Hauch.
21 **faire la vie** (pop.): einen unseriösen Lebenswandel haben.

gaieté derrière laquelle perçait l'inquiétude qu'elle avait voulu leur faire une surprise.

C'était une surprise pour la grand-mère, en effet, qui, la toisant et contemplant l'irrémédiable désastre, s'était bornée à lui dire, devant son fils, que maintenant elle avait l'air d'une putain. Puis elle était retournée dans sa cuisine. Catherine Cormery avait cessé de sourire, et toute la misère et la lassitude du monde s'étaient peintes sur son visage. Puis elle avait rencontré le regard fixe de son fils, avait essayé de sourire encore, mais ses lèvres tremblaient et elle s'était précipitée en pleurant dans sa chambre, sur le lit qui restait le seul abri de son repos, de sa solitude et de ses chagrins. [...]

Pendant plusieurs jours de suite, la grand-mère n'adressa pas la parole à sa fille. En même temps, Antoine, lorsqu'il venait, était reçu plus froidement. Ernest surtout gardait le visage fermé. Antoine, bien qu'il fût assez faraud et beau parleur, le sentait bien. Que se passa-t-il alors? Jacques vit plusieurs fois des traces de larmes dans les beaux yeux de sa mère. Ernest se taisait le plus souvent et bousculait jusqu'à Brillant. Un soir d'été, Jacques remarqua qu'il semblait guetter quelque chose au balcon. [...] Et soudain Jacques vit arriver Antoine, qui n'était pas venu depuis plusieurs

1 **la gaieté:** Heiterkeit.
4 **toiser:** von Kopf bis Fuß ansehen.
irrémédiable: irreparabel.
4 f. **se borner:** sich beschränken.
6 **la putain:** Hure.
18 **le faraud:** Angeber.
21 **bousculer:** herumstoßen.
22 **guetter:** auflauern.

jours. Ernest se précipita et, quelques secondes après, des bruits sourds montèrent de l'escalier. Jacques se précipita et vit les deux hommes se battre sans dire un mot dans le noir. Ernest, sans sentir les coups, frappait et frappait de ses poings, durs comme fer, et l'instant d'après Antoine roulait en bas de l'escalier, se relevait la bouche sanglante, sortait un mouchoir pour essuyer son sang, sans cesser de regarder Ernest qui partait comme fou. Quand il rentra, Jacques trouva sa mère assise dans la salle à manger, immobile, les traits figés. Il s'était assis aussi sans rien dire. Et puis Ernest était rentré, grommelant des injures et jetant un regard furieux à sa sœur. Le dîner s'était déroulé comme à l'ordinaire, sauf que sa mère n'avait pas mangé; «je n'ai pas faim», disait-elle simplement à sa mère qui insistait. Le repas fini, elle était partie dans sa chambre. Pendant la nuit, Jacques réveillé, l'entendit se retourner dans son lit. À partir du lendemain, elle revint à ses robes noires ou grises, à sa tenue stricte de pauvre.

pp. 115–117

2 **sourd, e:** dumpf.
10 **les traits figés:** mit angespanntem Gesicht.
11f. **grommeler:** brummen.
12 **une injure:** Beschimpfung.

Une enfance sans père (II)

Le royaume du football et la grand-mère

[Le football était le royaume de Jacques.] Mais ce royaume était interdit. Car la cour était cimentée et les semelles s'y usaient avec une telle rapidité que la grand-mère avait interdit à Jacques de jouer au football pendant les récréations. Elle achetait elle-même pour ses petits-fils de solides et épais souliers montants qu'elle espérait immortels. Pour accroître en tout cas leur longévité, elle faisait clouter leurs semelles d'énormes clous coniques qui présentaient du double avantage: il fallait les user avant d'user la semelle et ils permettaient de vérifier les infractions à l'interdiction de jouer au football. Les courses sur le terrain cimenté en effet les usaient rapidement et leur donnaient un poli dont la fraîcheur dénonçait le coupable. Chaque soir, en rentrant chez lui, Jacques devait donc se rendre dans la cuisine, où Cassandre officiait au-dessus de noires marmites, et, genou plié, semelle en l'air, dans l'attitude du cheval qu'on ferre, devait montrer ses semelles. Bien entendu, il ne pouvait résister à l'appel des camarades et

4 **cimenté, e:** zementiert.
5 **user:** abwetzen.
8 **le soulier montant:** hoher Schuh.
9 **accroître:** erhöhen.
9 f. **la longévité:** Langlebigkeit
10 **clouter:** nageln, mit Nägeln bestücken.
la semelle: Schuhsohle.
11 **conique:** kegelförmig.
13 **une infraction:** Verstoß.
16 **dénoncer:** verraten.

à l'attrait de son jeu préféré, et toute son application se portait non sur l'exercice d'une vertu impossible mais sur le maquillage de la faute. Il passait donc de longs moments au sortir de l'école et plus tard du lycée à frotter ses semelles dans de la terre mouillée. La ruse réussissait parfois. Mais un temps venait où l'usure des clous devenait scandaleuse, où la semelle même parfois était atteinte, ou même, catastrophe dernière, par suite d'un coup de pied maladroit sur le sol ou dans la grille qui protégeait les arbres, elle s'était détachée de l'empeigne et Jacques arrivait alors chez lui le soulier cerclé d'un bout de ficelle pour lui tenir la gueule fermée. Ces soirs-là étaient ceux du nerf de bœuf. À Jacques pleurant, sa mère disait pour toute consolation: «C'est vrai que ça coûte. Pourquoi que tu fais pas attention?» Mais elle-même ne les touchait jamais, ses enfants. Le lendemain, on chaussait Jacques d'espadrilles et on portait les chaussures au cordonnier. Il les retrouvait deux ou trois jours après fleuries de clous neufs, et il devait apprendre à nouveau à garder l'équilibre sur ses semelles glissantes et instables.

La grand-mère était capable d'aller encore plus loin, et Jacques après tant d'années ne pouvait se rappeler cette histoire sans une crispation de honte et de dégoût. Son

3 **le maquillage:** Tarnung.
5 **la ruse:** List.
9 **la grille:** Gitter.
10 **une empeigne:** Oberleder.
17 **une espadrille:** leichter Schuh mit geflochtener Sohle.
18 **le cordonnier:** Schuhmacher.
19 **fleuri, e de:** geschmückt mit.
20 **un équilibre:** Gleichgewicht.
24 **la crispation:** Krampf, Zusammenzucken.

frère et lui ne recevaient aucun argent de poche, sinon parfois lorsqu'ils consentaient à rendre une visite à un oncle commerçant et une tante bien mariée. [...] Un soir, Jacques revenait de faire des commissions, tenant à bout de bras le plat de pommes au gratin qu'il était allé prendre pour finir chez le boulanger du quartier (il n'y avait à la maison ni gaz ni cuisinière, et la cuisine se faisait sur un réchaud à alcool. Point de four par conséquent, et lorsqu'on avait un plat à gratiner on le portait tout préparé au boulanger du quartier qui, pour quelques sous, l'enfournait et le surveillait), le plat fumait devant lui à travers le torchon qui l'abritait des poussières de la rue et qui permettait de le tenir aux extrémités. Sur la saignée de son bras droit, le filet rempli de provisions achetées par très petites quantités (une demi-livre de sucre, un demi-quart de beurre, cinq sous de fromage rapé, etc.) ne pesait pas lourd, et Jacques reniflait la bonne odeur du gratin, marchait d'un pas alerte en évitant la foule populaire qui à cette heure allait et venait sur les trottoirs du quartier. À ce moment, de sa poche trouée, une pièce de deux francs s'échappa en tintant sur le trottoir. Jacques la ramassa, vérifia sa monnaie, qui était entière, et la mit dans l'autre poche. «J'aurais pu la

8 **un réchaud à alcool:** Spirituskocher.
le four: Backofen.
9 **gratiner:** überbacken.
11 **enfourner:** in den Ofen schieben.
12 **le torchon:** Lappen, Tuch.
abriter: schützen.
14 **la saignée:** Armbeuge.
17 **rapé, e:** gerieben.
21 **troué, e:** durchlöchert.
tinter: klappern, klingen.

perdre», pensa-t-il soudain. Et le match du lendemain qu'il avait chassé jusque-là de sa pensée lui revenait à l'esprit.

Personne en vérité n'avait jamais appris à l'enfant ce qui était bien ou ce qui était mal. Certaines choses étaient interdites et les infractions rudement sanctionnées. D'autres pas. [...] Pourtant, Jacques savait qu'il était mal de dissimuler ces deux francs. Et il ne voulait pas le faire. Et il ne le ferait pas; peut-être pourrait-il, comme l'autre fois, se glisser entre deux planches du vieux stade du champ de manœuvre et assister sans payer à la partie. C'est pourquoi il ne comprit pas lui-même pourquoi il ne rendit pas tout de suite la monnaie qu'il rapportait et pourquoi, un moment plus tard, il revint des cabinets en déclarant qu'une pièce de deux francs était tombée dans le trou alors qu'il posait sa culotte. Les cabinets étaient encore un mot trop noble pour l'espace réduit qui avait été ménagé dans la maçonnerie du palier de l'unique étage. Privés d'air et de lumière électrique, de robinet, on y avait pratiqué sur un socle à mi-hauteur coincé entre la porte et le mur du fond un trou à la turque dans lequel il fallait verser des bidons d'eau après usage. Mais rien ne pouvait empêcher que la puanteur de ces lieux débordât jusque dans l'escalier. L'explication de Jacques

8 **dissimuler:** verbergen; hier: heimlich einstecken.
17 **réduit, e:** knapp.
18 **ménager:** einteilen; aussparen.
19 **privé, e de:** ohne.
le robinet: Wasserhahn.
21 **à la turque:** ohne Sitz.
22 **le bidon:** Kanne, Kanister.
24 **déborder:** überlaufen; hier: sich ausbreiten.

était plausible. Elle lui évitait d'être renvoyé dans la rue à la recherche de la pièce perdue et elle coupait court à tout développement. Simplement, Jacques se sentait le cœur serré en annonçant la mauvaise nouvelle. Sa grand-mère était dans la cuisine en train de hacher de l'ail et du persil sur la vieille planche verdie et creusée par l'usage. Elle s'arrêta et regarda Jacques qui attendait l'éclat. Mais elle se taisait et le scrutait de ses yeux clairs et glacés. «Tu es sûr? dit-elle enfin. – Oui, je l'ai sentie tomber.» Elle le regardait encore. «Très bien, dit-elle. Nous allons voir.» Et, épouvanté, Jacques la vit retrousser la manche de son bras droit, dégager son bras blanc et noueux et sortir sur le palier. Lui se jeta dans la salle à manger, au bord de la nausée. Quand elle l'appela, il la trouva devant l'évier, son bras couvert de savon gris et se rinçant à grande eau. «Il n'y avait rien, dit-elle. Tu es un menteur.» Il balbutiait: «Mais elle a pu être entraînée.» Elle hésitait. «Peut-être. Mais si tu as menti, ce ne sera pas pain béni pour toi.» Non, ce n'était pas pain béni, car au même instant il comprenait que ce n'était pas

5 **hacher:** kleinhacken.
6 **l'ail** *m.:* Knoblauch.
le persil: Petersilie.
8 **scruter:** prüfend ansehen.
11 **épouvanté, e:** entsetzt.
11f. **retrousser:** hochkrempeln.
12 **dégager:** freilegen, freimachen.
15 **un évier:** Ausguß, Schüttstein.
le savon gris: billige Seife, Schmierseife.
15f. **se rincer:** abspülen.
17 **balbutier:** stammeln, stottern.
18f. **ce ne sera pas pain béni pour toi:** es wird kein Zuckerschlecken für dich sein (*pain béni:* geweihtes Brot).

l'avarice qui avait conduit sa grand-mère à fouiller dans l'ordure, mais la nécessité terrible qui faisait que dans cette maison deux francs étaient une somme. Il le comprenait et il voyait enfin clairement, avec un bouleversement de honte, qu'il avait volé ces deux francs au travail des siens. Aujourd'hui encore, Jacques, regardant sa mère devant la fenêtre, ne s'expliquait pas comment il avait pu ne pas rendre pourtant ces deux francs et trouver quand même du plaisir à assister au match du lendemain.

pp. 83–88

Le cinéma

Les séances de cinéma réservaient d'autres plaisiers à l'enfant ... La cérémonie avait lieu aussi le dimanche après-midi et parfois le jeudi. Le cinéma de quartier se trouvait à quelques pas de la maison et il portait le nom d'un poète romantique comme la rue qui le longeait. [...] Jacques escortait sa grand-mère qui, pour l'occasion, avait lissé ses cheveux blancs et fermé son éternelle robe noire d'une broche d'argent. Elle écartait gravement le petit peuple hurlant qui bouchait l'entrée et se présentait à l'unique guichet pour prendre des «réservés». À vrai dire, il n'y avait le choix qu'entre ces «réservés» qui

1 **une avarice:** Geiz.
fouiller: wühlen.
2 **une ordure:** Schmutz, Kot.
17 **longer qc:** an etwas entlangführen.
18 **escorter:** begleiten.
19 **lisser:** glattkämmen.

étaient de mauvais fauteuils de bois dont le siège se rabattait avec bruit et les bancs où s'engouffraient en se disputant les places les enfants à qui on n'ouvrait une porte latérale qu'au dernier moment. De chaque côté des bancs, un agent muni d'un nerf de bœuf était chargé de maintenir l'ordre dans son secteur, et il n'était pas rare de le voir expulser un enfant ou un adulte trop remuant. Le cinéma projetait alors des films muets, des actualités d'abord, un court film comique, le grand film et pour finir un film à épisodes, à raison d'un bref épisode par semaine. La grand-mère aimait particulièrement ces films en tranches dont chaque épisode se terminait en suspens. Par exemple le héros musclé portant dans ses bras la jeune fille blonde et blessée s'engageait sur un pont de lianes au-dessus d'un cañon torrentueux. Et la dernière image de l'épisode hebdomadaire montrait une main tatouée qui, armée d'un couteau primitif, tranchait les lianes du ponton. Le héros continuait de cheminer superbement malgré les avertissements vociférés des spectateurs des «bancs». La question alors n'était pas de savoir si le couple s'en tirerait, le doute à cet égard n'étant pas permis, mais seulement de savoir

2 **s'engouffrer:** sich hineindrängen.
4 **latéral, e:** seitlich.
5 **munir:** ausstatten, ausrüsten.
7 **expulser:** hinauswerfen.
8 **remuant, e:** umtriebig, lärmend.
12 **la tranche:** hier: Fortsetzung.
13 **en suspens:** in der Schwebe, ohne Abschluß.
14 **s'engager sur:** betreten.
15 **torrentueux, se:** reißend.
17 **tatoué, e:** tätowiert.
21 **s'en tirer:** davonkommen.

comment il s'en tirerait, ce qui expliquait que tant de spectateurs, arabes et français, revinssent la semaine d'après pour voir les amoureux arrêtés dans leur chute mortelle par un arbre providentiel. Le spectacle était accompagné tout au long au piano par une vieille demoiselle qui opposait aux lazzis des «bancs» la sérénité immobile d'un maigre dos en bouteille d'eau minérale capsulée d'un col de dentelle. Jacques considérait alors comme une marque de distinction que l'impressionnante demoiselle gardât des mitaines par les chaleurs les plus torrides. Son rôle d'ailleurs n'était pas aussi facile qu'on eût pu le croire. Le commentaire musical des actualités, en particulier, l'obligeait à changer de mélodie selon le caractère de l'événement projeté. Elle passait ainsi sans transition d'un gai quadrille destiné à accompagner le présentation des modes de printemps à la marche funèbre de Chopin à l'occasion d'une inondation en Chine ou des funérailles d'un personnage important dans la vie nationale ou internationale. Quel que soit le morceau, en tout cas, l'exécution était imperturbable, comme si dix petites mécaniques sèches accomplissaient sur le vieux clavier jauni une manœuvre depuis

4 **providentiel, le:** von der Vorsehung gesandt.
6 **les lazzis** *m.:* üble Witze.
la sérénité: Gelassenheit.
8 **capsuler:** mit einem Kronkorken verschließen.
la dentelle: Spitzen.
10 **la mitaine:** fingerloser Handschuh.
17 **la marche funèbre:** Trauermarsch.
17f. **une inondation:** Überschwemmung.
20 **un exécution:** Ausführung, Darbietung.
20f. **imperturbable:** nicht aus der Ruhe zu bringen.

toujours commandée par des rouages de précision. Dans la salle aux murs nus, au plancher couvert d'écorces de cacahuètes, les parfums du crésyl se mêlaient à une forte odeur humaine. C'était elle en tout cas qui arrêtait d'un coup le vacarme assourdissant en attaquant à pleines pédales le prélude qui était censé créer l'atmosphère de la matinée. Un énorme vrombissement annonçait que l'appareil de projection se mettait en marche, le calvaire de Jacques commençait alors.

Les films, étant muets, comportaient en effet de nombreuses projections de texte écrit qui visaient à éclairer l'action. Comme la grand-mère ne savait pas lire, le rôle de Jacques consistait à les lui lire. Malgré son âge, la grand-mère n'était nullement sourde. Mais il fallait d'abord dominer le bruit du piano et celui de la salle, dont les réactions étaient généreuses. De plus, malgré l'extrême simplicité de ces textes, beaucoup des mots qu'ils comportaient n'étaient pas familiers à la grand-mère et certains même lui étaient étrangers. Jacques, de son côté, désireux d'une part de ne pas gêner les voisins et soucieux surtout de ne pas annoncer à la salle entière que la grand-mère ne savait pas lire (elle-même parfois,

1 **le rouage:** Räderwerk.
2 **une écorce:** Schale, Rinde.
3 **la cacahuète:** Erdnuß.
le crésyl: Desinfektionsmittel.
5 **le vacarme:** Lärm.
assourdissant, e: ohrenbetäubend.
6 **être censé, e faire qc:** für etwas gedacht sein.
8 **le calvaire:** Leidensweg, Martyrium.
15 **dominer:** übertönen.
16 **généreux, se:** großzügig; hier: sehr laut.

prise de pudeur, lui disait à haute voix, au début de la séance: «tu me liras, j'ai oublié mes lunettes»), Jacques donc ne lisait pas les textes aussi fort qu'il eût pu le faire. Le résultat était que la grand-mère ne comprenait qu'à moitié, exigeait qu'il répète le texte et qu'il le répète plus fort. Jacques tentait de parler plus fort, des «chut» le jetaient alors dans une vilaine honte, il bafouillait, la grand-mère le grondait et bientôt le texte suivant arrivait, plus obscur encore pour la pauvre vieille qui n'avait pas compris le précédent. La confusion augmentait alors jusqu'à ce que Jacques retrouve assez de présence d'esprit pour résumer en deux mots un moment crucial du *Signe de Zorro* par exemple, avec Douglas Fairbanks père. «Le vilain veut lui enlever la jeune fille», articulait fermement Jacques en profitant d'une pause du piano ou de la salle. Tout s'éclairait, le film continuait et l'enfant respirait. En général, les ennuis s'arrêtaient là. Mais certains films du genre *Les deux orphelines* étaient vraiment trop compliqués, et, coincé entre les exigences de la grand-mère et les remontrances de plus en plus irritées de ses voisins, Jacques finissait par rester coi. Il gardait encore le souvenir d'une de ces séances où la grand-mère, hors d'elle, avait fini par sortir, pendant qu'il la suivait en pleurant, bouleversé à l'idée qu'il

6 **chut:** pst.
7 **vilain, e:** häßlich, schändlich.
bafouiller: stottern, stammeln.
8 **gronder:** schimpfen.
12 **crucial, e:** entscheidend.
18 **un, e orphelin, e:** Waise.
19 **coincé, e:** hier: hin- und hergerissen.
20 **la remontrance:** Vorhaltung.
21 **coi, te:** still.

avait gâché l'un des rares plaisirs de la malheureuse et le pauvre argent dont il avait fallu le payer.
Sa mère, elle, ne venait jamais à ces séances. Elle ne savait pas lire non plus, mais de plus elle était à demi sourde. Son vocabulaire enfin était plus restreint encore que celui de sa mère. Aujourd'hui encore, sa vie était sans divertissement. En quarante années, elle était allée deux ou trois fois au cinéma, n'y avait rien compris, et avait seulement dit pour ne pas désobliger les personnes qui l'avaient invitée que les robes étaient belles ou que celui avec moustache avait l'air très méchant. Elle ne pouvait non plus écouter la radio. Et quant aux journaux, elle feuilletait parfois ceux qui étaient illustrés, se faisait expliquer les illustrations par ses fils ou ses petites-filles, décidait que la reine d'Angleterre était triste et refermait le magazine pour regarder de nouveau par la même fenêtre le mouvement de la même rue qu'elle avait contemplé pendant la moitié de sa vie.

pp. 90–94

L'oncle et la chasse

Puis l'oncle vérifiait une dernière fois le fusil à deux coups et les cartouches, autour desquels une grande cérémonie avait eu lieu la veille. Après le dîner, on avait

1 **gâcher:** verderben.
5 **restreint, e:** beschränkt.
9 **désobliger:** kränken.
13 **feuilleter:** durchblättern.
18 **contempler:** betrachten, anschauen.
21 **vérifier:** kontrollieren.

débarrassé la table et soigneusement nettoyé la toile cirée. L'oncle s'était installé à l'un des côtés de la table et gravement avait placé devant lui, sous la lumière de la grosse lampe à pétrole descendue de la suspension, les pièces du fusil démonté qu'il avait graissées soigneusement. Assis de l'autre côté, Jacques attendait son tour. Le chien Brillant aussi. Car il y avait un chien, un bâtard de setter, d'une bonté illimitée, incapable de faire du mal à une mouche et la preuve en était que, lorsqu'il en attrapait une au vol, il se dépêchait de la dégurgiter avec une mine dégoûtée et à grand renfort de langue sortie et de clappements de babines. Ernest et son chien étaient inséparables, et leur entente était parfaite. On ne pouvait s'empêcher de penser à un couple (et il faut ne pas connaître ni aimer les chiens pour y voir une dérision). Et le chien devait obéissance et tendresse à l'homme, pendant que l'homme acceptait de n'avoir qu'un seul souci. Ils vivaient ensemble et ne se quittaient jamais, dormaient ensemble (l'homme sur le divan de la salle à manger, le chien sur une méchante descente de lit usée jusqu'à la trame), allaient au travail ensemble (le chien

1 **soigneusement** (adv.): sorgfältig.
1 f. **la toile cirée:** Wachstuch.
4 **la suspension:** Haken, Aufhängung.
5 **graisser:** einfetten.
7 f. **un bâtard de setter:** Settermischling.
10 **dégurgiter:** ausspucken, herauswürgen.
11 **à grand renfort de:** mit Hilfe, unter Zuhilfenahme.
12 **le clappement:** Schmatzen.
les babines *f.:* Lefzen.
15 **la dérision:** Spott, Hohn.
20 **la descente de lit:** Bettvorleger.
20 f. **usé, e jusqu'à la trame:** ganz und gar abgewetzt, fadenscheinig.

couché dans un lit de copeau spécialement préparé pour lui sous l'établi de l'atelier), se rendaient dans les cafés ensemble, le chien attendant patiemment entre les jambes de son maître que ses discours aient pris fin. Ils conversaient par onomatopées et se plaisaient à leurs odeurs réciproques. Il ne fallait pas dire à Ernest que son chien, rarement lavé, sentait fort, surtout après les pluies. «Lui, disait-il, y sent pas», et il reniflait amoureusement l'intérieur des grandes oreilles frémissantes du chien. La chasse était leur fête à tous les deux, leurs sorties des grands ducs. Et il suffisait qu'Ernest sortît la musette pour que le chien se livrât à de folles courses à travers la petite salle à manger, faisant valser les chaises à coups d'arrière-train et sonnant de la queue sur les flancs du buffet. Ernest riait. «Il a compris, il a compris», puis il calmait la bête, qui venait installer sa gueule sur la table, contemplant les minutieux préparatifs en bâillant discrètement de temps en temps mais sans quitter ce délicieux spectacle avant qu'il soit terminé.
Quand le fusil était de nouveau assemblé, l'oncle le lui passait. Jacques le recevait avec respect et, muni d'un vieux chiffon de laine, faisait reluire les canons. Pendant

1 **le copeau:** Hobelspan.
2 **un établi:** Hobelbank.
5 **une onomatopée:** Lautmalerei.
6 **réciproque:** wechselseitig.
9 **frémissant, e:** zitternd, zuckend.
11 f. **la musette:** Vespertasche.
14 **un arrière-train:** Hinterteil.
17 **bâiller:** gähnen.
22 **le chiffon:** Lappen.
faire reluire: polieren.
le canon: Lauf (einer Waffe).

ce temps, l'oncle préparait ses cartouches. [...] À mesure que les cartouches étaient prêtes, Ernest les passait une par une à Jacques, qui les plaçait pieusement dans la cartouchière qu'il avait devant lui. Le matin, c'était le signal du départ quand Ernest enroulait autour de son ventre augmenté de deux épaisseurs de chandails la lourde cartouchière. Jacques la bouclait derrière son dos. Et Brillant, qui depuis le réveil allait et venait en silence, dressé à dominer sa joie pour ne réveiller personne, mais qui soufflait sa fébrilité sur tous les objets à sa portée, se dressait contre son maître, les pattes contre la poitrine, et tentait en se hissant du cou et du râble de lécher largement et vigoureusement le visage aimé.

[...] On grimpait avec entrain dans un de ces wagons dont chaque compartiment ouvre sur le marchepied, on se passait les musettes, on faisait grimper les chiens et on s'installait, enfin heureux de se sentir flanc à flanc, de partager la même chaleur. Jacques apprit dans ces dimanches que la compagnie des hommes était bonne et pouvait nourrir le cœur. Le train s'ébranlait, puis prenait sa vitesse avec des halètements courts et, de loin en loin, un bref coup de sifflet endormi. [...]

3 **pieusement** (adv.): andächtig, mit Sorgfalt.
4 **la cartouchière:** Patronengurt.
6 **le chandail:** Pullover.
7 **boucler:** zuschnallen.
10 **la fébrilité:** fieberhafte Erregung.
11 **la portée:** Reichweite.
13 **le râble:** Rücken.
16 **le marchepied:** Trittbrett.
21 **s'ébranler:** ruckeln, losfahren.

Le paysage changeait, devenait plus rocailleux, le chêne remplaçait l'oranger, et le petit train soufflait de plus en plus court et lâchait de grands jets de vapeur. Il faisait plus froid tout d'un coup, car la montagne s'interposait entre le soleil et les voyageurs, et on s'apercevait alors qu'il n'était pas plus de sept heures. Enfin, il sifflait une dernière fois, ralentissait, prenait avec lenteur une courbe serrée et débouchait dans une petite gare solitaire dans la vallée car elle ne desservait que des mines lointaines, déserte et silencieuse, plantée de grands eucalyptus dont les feuilles en faucille frissonnaient dans le petit vent du matin. La descente se faisait dans le même brouhaha, les chiens dévalant du compartiment et ratant les deux marches escarpées du wagon, les hommes faisant de nouveau la chaîne pour les musettes et les fusils. Mais à la sortie de la gare, qui ouvrait directement sur les premières pentes, le silence d'une nature sauvage noyait peu à peu les interjections et les cris, la petite troupe finissait par gravir la montée en silence, les chiens décrivant tout autour d'inlassables lacets. […] On accor-

1 **rocailleux, se:** felsig.
le chêne: Eiche.
3 **le jet de vapeur** (*f.*): Dampfwolke.
4 **s'interposer:** sich dazwischenschieben.
11 **en faucille:** sichelförmig.
13 **le brouhaha:** lautes Durcheinander.
dévaler: herausstürzen.
14 **escarpé, e:** steil.
18 **une interjection:** Zuruf.
19 **gravir:** erklimmen, hinaufsteigen.
20 **inlassable:** unermüdlich.
le lacet: Runde, Schleife.
20f. **accorder:** abstimmen, vergleichen.

dait les montres. Les chasseurs se groupaient par deux, sifflaient leur chien et partaient dans des directions différentes. Ernest et Daniel faisaient équipe. Jacques recevait le carnier, qu'il passait en bandoulière avec précaution. Ernest, de loin, annonçait aux autres qu'il ramènerait plus de lapins et de perdreaux que tous les autres. Ils riaient, saluaient de la main et disparaissaient.

Alors commençait pour Jacques une ivresse dont il gardait encore le regret émerveillé au cœur. Les deux hommes écartés de deux mètres l'un de l'autre mais à la même hauteur, le chien avant, lui maintenu constamment en arrière, et l'oncle de son œil soudain sauvage et rusé vérifiait sans cesse qu'il gardait sa distance, et la marche silencieuse interminable, à travers les buissons d'où partait parfois avec un cri perçant un oiseau dédaigné, la descente dans de petits ravins pleins d'odeurs dont on suivait le fond, la remontée vers le ciel, radieux et de plus en plus chaud, la montée de la chaleur qui desséchait à toute allure la terre encore humide à leur départ. Des détonations de l'autre côté du ravin, le

4 **le carnier:** Jagdtasche.
passer en bandoulière: schräg umhängen (*la bandoulière:* Schulterriemen).
6 **le perdreau:** Rebhuhn.
8 **une ivresse:** Rausch, Trunkenheit.
10 **écarté, e:** auseinander.
14 **le buisson:** Busch.
15 **perçant, e:** schrill.
16 **dédaigner:** verschmähen.
le ravin: Schlucht.
18 **radieux, se:** strahlend.
19 **dessécher:** ausdörren.

claquement sec d'une compagnie de perdreaux couleur de poussière que le chien avait débusquée, la double détonation, presque aussitôt répétée, la fuite en avant du chien qui revenait les yeux pleins de folie, la gueule pleine de sang et d'un paquet de plumes qu'Ernest et Daniel lui enlevaient et que, l'instant d'après, Jacques recevait avec un mélange d'excitation et d'horreur, la recherche des autres victimes, quand on les avait vues tomber, les jappements d'Ernest qu'on confondait parfois avec ceux de Brillant, et la marche en avant de nouveau, Jacques pliant cette fois sous le soleil malgré son petit chapeau de paille, pendant que le plateau alentour se mettait à vibrer sourdement comme une enclume sous le marteau du soleil, et parfois de nouveau une détonation ou deux, mais jamais plus, car un seul des chasseurs avait vu détaler le lièvre ou le lapin condamné d'avance s'il était dans la mire d'Ernest, toujours adroit comme un singe et qui courait cette fois presque aussi vite que son chien, criant comme lui, pour ramasser la bête morte par les pattes de derrière et la montrer le loin à Daniel et Jacques, qui arrivaient jubilant et hors de souffle. Jacques ouvrait bien large le carnier pour recevoir le nouveau trophée avant de repartir, vacillant sous

1 **le claquement:** Klatschen.
sec, sèche: hier: knallend, knatternd.
2 **débusquer:** aufscheuchen.
9 **le jappement:** Gekläff.
13 **sourdement** (adv.): dumpf.
une enclume: Amboß.
16 **détaler:** flüchten.
17 **la mire:** Visier.
18 **le singe:** Affe.

le soleil, son seigneur, et ainsi pendant des heures sans frontière sur un territoire sans limites, sa tête perdue dans la lumière incessante et les immenses espaces du ciel, Jacques se sentait le plus riche des enfants. [...] À quatre heures cependant, il fallait descendre prendre le train qui passait à cinq et demie. Ils étaient maintenant dans le compartiment, tassés par la fatigue, les chiens rompus dormaient sous les banquettes ou entre leurs jambes, d'un sommeil lourd traversé de rêves sanguinaires. Aux abords de la plaine, le jour commençait à baisser, puis c'était le rapide crépuscule africain, et la nuit, toujours angoissante sur ces grands paysages, commençait sans transition. Plus tard, à la gare, pressés de rentrer et de manger pour se coucher tôt à cause du travail du lendemain, ils se séparaient rapidement, dans l'ombre, presque sans paroles mais avec de grandes tapes d'amitié. Jacques les entendait s'éloigner, il écoutait leurs voix rudes et chaleureuses, il les aimait. Puis il empruntait le pas d'Ernest, toujours vaillant, alors que lui traînait la jambe. Près de la maison, dans la rue obscure, l'oncle se retournait vers lui: «Tu es content?» Jacques ne répondait pas. Ernest riait et sifflait son chien. Mais, quelques pas plus loin, l'enfant glissait sa petite main dans la main dure et calleuse de son oncle, qui la serrait très fort. Et ils rentraient ainsi, en silence.

pp. 100–108

7 **tasser:** hier: zusammensinken.
8 **rompu, e:** völlig erschöpft.
9 f. **sanguinaire:** blutrünstig.
17 **la tape:** Stoß, Klaps.
19 **vaillant, e:** kraftvoll.
24 **calleux, se:** derb, schwielig.

Un mauvais tour

La rue Bab-Azoun était une rue resserrée que des arcades, sur les deux côtés, reposant sur d'énormes piliers carrés, rendaient encore plus étroite, laissant juste la place à la ligne de tramway, desservie par une autre compagnie, qui reliait ce quartier aux quartiers les plus élevés de la ville. Les jours de chaleur, le ciel d'un bleu épais reposait comme un couvercle brûlant sur la rue, et l'ombre était fraîche sous les arcades. Les jours de pluie, la rue tout entière n'était qu'une profonde tranchée de pierre humide et luisante. Tout au long des arcades, les boutiques de commerçants se succédaient, marchands de tissus en gros dont les façades étaient peintes de tons sombres et dont les piles de tissu clair reluisaient doucement dans l'ombre, épiceries qui sentaient le girofle et le café, petites échoppes où des marchands arabes vendaient des pâtisseries ruisselantes d'huile et de miel, cafés obscurs et profonds où les percolateurs fusaient à cette heure-là (tandis que le soir, éclairés de lampes crues, ils étaient remplis de bruit et de voix, tout un peu-

2 **resserré, e:** hier: schmal.
3 **le pilier:** Pfeiler.
5 **desservir:** betreiben.
10 **la tranchée:** Graben.
13 **le tissu:** Gewebe, Stoff.
14 **la pile:** Stapel.
15 **le girofle:** Nelke.
16 **une échoppe:** Laden.
17 **ruisselant, e:** triefend.
18 **le percolateur:** große Kaffeemaschine.
fuser: hier: brodeln.

ple d'hommes piétinant la sciure répandue sur le parquet et se pressant devant le comptoir chargé de verres remplis de liquide opalescent et de petites soucoupes pleins de lupins, d'anchois, de céleris coupés en morceaux, d'olives, de frites et de cacahuètes), bazars pour touristes enfin où l'on vendait la hideuse verroterie orientale dans des vitrines plates encadrées par des tourniquets garnis de cartes postales et des foulards mauresques aux couleurs violentes.

L'un de ces bazars, au milieu des arcades, était tenu par un gros homme toujours assis derrière ses vitrines, dans l'ombre ou sous la lumière électrique, énorme, blanchâtre, les yeux globuleux, pareil à ces animaux qu'on trouve en soulevant les pierres ou les vieux troncs, et surtout absolument chauve. Les élèves du lycée l'avaient surnommé à cause de cette particularité «patinoire à mouches» et «vélodrome à moustiques», prétendant que ces insectes, lorsqu'ils parcouraient la surface dénudée de ce crâne, manquaient leur virage et ne pouvaient garder leur équilibre. Souvent, le soir, comme une volée

1 **piétiner qc:** auf etwas herumtrampeln.
3 **opalescent, e:** undurchsichtig und schimmernd.
la soucoupe: Unterteller.
4 **le lupin:** Lupine, Wolfsbohne.
un anchois: Anschovis.
le céleri: Sellerie.
6 **la verroterie:** Glaswaren.
7 f. **le tourniquet:** drehbarer Ständer.
13 **globuleux, se:** blutunterlaufen.
15 **chauve:** kahl.
16 **la patinoire:** Eislaufbahn.
17 **le vélodrome:** Fahrradrennbahn.
18 **dénudé, e:** entblößt.

d'étourneaux, ils passaient le voir en courant devant le magasin, hurlant les surnoms du malheureux et imitant par «Zz-zz-zz» la glissade supposée des mouches. Le gros marchand les invectivait; une ou deux fois, il avait essayé avec présomption de les poursuivre, mais avait dû y renoncer. Subitement, il se tint coi devant la bordée de cris et de railleries, et pendant plusieurs soirs laissa s'enhardir les enfants, qui finissaient par venir hurler sous son nez. Et tout d'un coup, un soir, des jeunes gens arabes, payés par le marchand, surgirent de derrière les piliers où ils se tenaient cachés et se jetèrent à la poursuite des enfants. Jacques et Pierre, ce soir-là, ne durent qu'à leur vélocité exceptionnelle d'échapper à la correction. Jacques reçut seulement une première gifle derrière la tête puis, revenu de sa surprise, distança son adversaire. Mais deux ou trois de leurs camarades reçurent de sérieuses paires de calottes. Les élèves comploterent ensuite la mise à sac du magasin et la destruction physique de son propriétaire, mais le fait est qu'ils ne donnèrent aucune suite à leurs sombres projets, qu'ils cessèrent de persécuter leur victime et qu'ils prirent

1 **un étourneau:** Star (Vogel).
3 **la glissade:** Rutschen.
4 **invectiver:** beschimpfen.
5 **la présomption:** Fehleinschätzung.
6 **subitement** (adv.): plötzlich.
8 **s'enhardir:** mutiger werden.
13 **la vélocité:** Schnelligkeit.
14 **la gifle:** Ohrfeige.
17 **la calotte:** kräftige Ohrfeige.
17 f. **comploter:** sich verschwören.
18 **la mise à sac:** Ausplünderung, Zerstörung.

l'habitude de passer benoîtement sur le trottoir d'en face. «On s'est dégonflé, disait Jacques avec amertume. – Après tout, lui répondit Pierre, nous étions dans notre tort. – Nous étions dans notre tort et nous avons peur des coups.» Plus tard, il devait se souvenir de cette histoire quand il comprit (vraiment) que les hommes font semblant de respecter le droit et ne s'inclinent jamais que devant la force.

pp. 197–199

L'école

Premières expériences

L'école se trouvait dans une partie relativement neuve de ce vieux quartier, parmi des maisons à un ou deux étages construites peu après la guerre de 70 et des entrepôts plus récents et qui avaient fini par relier la rue principale du quartier où se trouvait la maison de Jacques à l'arrière-port d'Alger où se trouvaient les quais aux charbons. Jacques se rendait donc à pied, deux fois par jour, à cette école qu'il avait commencé de fréquenter à l'âge de quatre ans dans la section maternelle dont il ne gardait aucun souvenir, sinon celui d'un lavabo de pierre sombre qui occupait tout le fond du préau couvert et où

1 **benoîtement** (adv.): scheinheilig.
2 **se dégonfler:** sich drücken.
7 **s'incliner:** sich beugen.
14 f. **un entrepôt:** Lagerhaus.
21 **le lavabo:** Waschbecken.
22 **le préau:** überdachter Pausenhof.

il avait atterri un jour tête la première, pour se relever couvert de sang, l'arcade sourcilière ouverte, au milieu de l'affolement des institutrices, et il avait fait connaissance alors avec les agrafes, qu'on lui avait à peine enlevées, à vrai dire, qu'il fallait les lui replacer sur l'autre arcade sourcilière, son frère ayant imaginé de le coiffer à la maison d'un vieux melon qui l'aveuglait et d'un vieux manteau qui entravait ses pas, si bien qu'il se retrouva la tête contre un des moellons descellé du carrelage et dans le sang à nouveau. Mais déjà il allait à la maternelle avec Pierre, d'un an ou presque plus âgé que lui, qui habitait dans une rue proche avec sa mère veuve de guerre elle aussi et devenue employée des postes, et deux de ses oncles qui travaillaient au chemin de fer.

pp. 130 sq.

Les aventures: Des chats et des chiens

Le matin, Jacques attendait Pierre au bas de sa maison. Ils partaient avant le passage des boueux, ou plus exactement de la charrette attelée d'un cheval couronné que conduisait un vieil Arabe. Le trottoir était encore mouillé de l'humidité de la nuit, l'air venu de la mer

1 **atterrir:** landen.
2 **une arcade sourcilière:** Augenbrauenbogen.
4 **une agrafe:** Klammer.
8 **entraver:** behindern.
9 **le moellon:** Steinfliese.
desceller: loslösen.
9f. **le carrelage:** Fliesenboden.
18 **le boueux:** Müllkutscher.
19 **atteler:** (ein Pferd) anspannen; hier: ziehen.

avait un goût de sel. La rue de Pierre, qui conduisait au marché, était jalonnée de poubelles, que des Arabes ou des Mauresques faméliques, parfois un vieux clochard espagnol, avaient crochetées à l'aube, trouvant encore à prendre dans ce que des familles pauvres et économes dédaignaient assez pour le jeter. Les couvercles de ces poubelles étaient généralement rabattus, et à cette heure de la matinée les chats vigoureux et maigres du quartier avaient pris la place des loqueteux. Il s'agissait pour les deux enfants d'arriver assez silencieusement derrière les poubelles pour rabattre brusquement le couvercle sur le chat qui se trouvait dans la poubelle. Cet exploit n'était pas commode, car les chats nés et grandis dans un quartier pauvre avaient la vigilance et la prestesse des bêtes habituées à défendre leur droit de vivre. Mais parfois, hypnotisé par une trouvaille appétissante et difficile à extraire du monceau d'ordures, un chat se laissait surprendre. Le couvercle se rabattait avec bruit, le chat poussait un hurlement de frayeur, jouait convulsivement du dos et des griffes, et parvenait à soulever le toit de sa prison de zinc, à s'en extraire, le poil hérissé

2 **jalonner:** abstecken, markieren.
3 **famélique:** ausgehungert.
4 **crocheter qc:** in etwas herumstochern.
une aube: Morgengrauen.
7 **rabattre:** zuschlagen.
9 **le loqueteux:** Zerlumpter.
14 **la vigilance:** Wachsamkeit.
14f. **la prestesse:** Schnelligkeit.
16 **la trouvaille:** Fund.
17 **le monceau:** Haufen.
19f. **convulsivement** (adv.): krampfhaft.
21 **s'extraire:** sich herauswinden.
le poil hérissé: mit gesträubtem Fell.

de frayeur, et à détaler comme s'il avait une meute de chiens à ses trousses, au milieu des éclats de rire de ses bourreaux fort peu conscients de leur cruauté.

À vrai dire, ces bourreaux étaient aussi inconséquents puisqu'ils poursuivaient de leur détestation le capteur de chiens, surnommé par les enfants du quartier Galoufa [...]. Ce fonctionnaire municipal opérait à peu près à la même heure, mais, selon les nécessités, il faisait aussi des tournées d'après-midi. C'était un Arabe habillé à l'européenne, qui se tenait ordinairement à l'arrière d'un étrange véhicule attelé de deux chevaux, conduit par un vieil Arabe impassible. Le corps de la voiture était constitué par une sorte de cube de bois, sur la longueur duquel on avait ménagé, de chaque côté, une double rangée de cages aux solides barreaux. L'ensemble offrait seize cages, dont chacune pouvait contenir un chien, qui se trouvait alors coincé entre les barreaux et le fond de la cage. Juché sur un petit marchepied à l'arrière de la voiture, le capteur avait le nez à la hauteur du toit des cages et pouvait ainsi surveiller son terrain de chasse. La voiture roulait lentement à travers les rues mouillées qui commençaient à se peupler d'enfants en route vers l'école, de ménagères allant chercher leur

2 **être aux trousses de qn:** jdm. auf den Fersen sein (*la trousse:* Bündel).
3 **le bourreau:** Peiniger.
5 **le capteur:** Fänger.
7 **opérer:** sich betätigen
12 **impassible:** ungerührt.
13 **le cube:** Kasten.
15 **la cage:** Käfig.
le barreau: Gitterstab.
18 **jucher:** hoch oben thronen.

pain ou leur lait, en peignoirs de pilou ornés de fleurs violentes, et de marchands arabes regagnant le marché, leurs petits éventaires pliés sur l'épaule et tenant de l'autre main un énorme couffin de paille tressée qui contenait leurs marchandises. Et tout d'un coup, sur un appel du capteur, le vieil Arabe tirait les rênes en arrière et la voiture s'arrêtait. Le capteur avait avisé une de ses misérables proies, qui creusait fébrilement une poubelle, jetant régulièrement des regards affolés en arrière, ou bien encore trottant rapidement le long d'un mur avec cet air pressé et inquiet des chiens mal nourris. Galoufa saisissait alors sur le sommet de la voiture un nerf de bœuf terminé par une chaîne de fer qui coulissait par un anneau le long du manche. Il avançait du pas souple, rapide et silencieux du trappeur vers la bête, la rejoignait et, si elle ne portait pas le collier qui est la marque des fils de famille, courait vers lui avec une brusque et étonnante vélocité, et lui passait autour du cou son arme qui fonctionnait alors comme un lasso de fer et de cuir. La

1 **le peignoir:** Morgenmantel.
le pilou: flauschiger Baumwollstoff.
3 **un éventaire:** Marktstand.
4 **le couffin:** großer Korb.
la paille: Stroh.
tresser: flechten.
7 **aviser:** ausmachen, entdecken.
8 **la proie:** Beute.
creuser: hier: durchwühlen.
12 **le sommet:** Gipfel; hier: Dach.
13 **coulisser:** gleiten.
14 **un anneau:** Ring.
souple: geschmeidig.
15 **le trappeur:** Jäger, Fallensteller.

bête, étranglée d'un seul coup, se débattait follement en poussant des plaintes inarticulées. Mais l'homme ⟨la⟩ traînait rapidement jusqu'à la voiture, ouvrait l'une des portes-barreaux et, soulevant le chien en l'étranglant de plus en plus, le jetait dans la cage en ayant soin de faire repasser le manche de son lasso à travers les barreaux. Le chien capturé, il redonnait du jeu à la chaîne de fer et libérait le cou du chien maintenant captif. Du moins, les choses se passaient ainsi quand le chien ne recevait pas la protection des enfants du quartier. Car tous étaient ligués contre Galoufa. Ils savaient que les chiens capturés étaient menés à la fourrière municipale, gardés pendant trois jours, passés lesquels, si personne ne venait les réclamer, les bêtes étaient mises à mort. Et quand ils ne l'auraient pas su, le pitoyable spectacle de la charrette de mort rentrant après une tournée fructueuse, chargée de malheureuses bêtes de tous les poils et de toutes les tailles, épouvantées derrière leurs barreaux et laissant derrière la voiture un sillage de gémissements et de hurlements à la mort, aurait suffi à les indigner. Aussi, dès que la voiture cellulaire apparaissait dans le quartier, les enfants se mettaient en alerte les uns les

1 **étrangler:** am Hals drosseln.
se débattre: zappeln, strampeln.
2 **inarticulé, e:** undeutlich, unartikuliert.
7 **capturer:** fangen.
11 (*se*) **liguer:** (sich) verbünden.
12 **la fourrière:** Pfandstall für herrenlose Tiere.
15 **pitoyable:** jämmerlich, erbärmlich.
16f. **fructueux, se:** erfolgreich.
17 **de tous les poils:** hier (fig.): aller Art.
19 **le sillage:** Kielwasser; hier (fig.): Spur.
le gémissement: Winseln.
22 **mettre en alerte:** alarmieren.

autres. Ils se répandaient eux-mêmes dans toutes les rues du quartier pour traquer les chiens à leur tour, mais afin de les chasser dans d'autres secteurs de la ville, loin du terrible lasso. Si, malgré ces précautions, comme il arriva plusieurs fois à Pierre et à Jacques, le capteur découvrait un chien errant en leur présence, la tactique était toujours la même. Jacques et Pierre, avant que le chasseur ait pu approcher suffisamment son gibier, se mettaient à hurler: «Galoufa, Galoufa» sur un mode si aigu et si terrible que le chien détalait de toute sa vitesse et se trouvait hors de portée en quelques secondes. À ce moment, il fallait que les deux enfants fissent eux-mêmes la preuve de leurs dons pour la course de vitesse, car le malheureux Galoufa, qui recevait une prime par chien capturé, fou de rage, les prenait en chasse en brandissant son nerf de bœuf.

pp. 131–135

Un instituteur – un maître

Ensuite c'était la classe. Avec M. Bernard, cette classe était constamment intéressante pour la simple raison qu'il aimait passionnément son métier. Au-dehors, le soleil pouvait hurler sur les murs fauves pendant que la chaleur crépitait dans la salle elle-même pourtant

2 **traquer:** aufspüren.
14 **la prime:** Prämie.
15 f. **brandir:** schwingen.
22 **fauve:** blaßrot, rötlich.
23 **crépiter:** knistern.

plongée dans l'ombre des stores à grosses rayures jaunes et blanches. La pluie pouvait aussi bien tomber comme elle le fait en Algérie, en cataractes interminables, faisant de la rue un puits sombre et humide, la classe était à peine distraite. Seules les mouches par temps d'orage détournaient parfois l'attention des enfants. Elles étaient capturées et atterrissaient dans les encriers, où elles commençaient une mort hideuse, noyées dans les boues violettes qui emplissaient les petits encriers de porcelaine à tronc conique qu'on fichait dans les trous de la table. Mais la méthode de M. Bernard, qui consistait à ne rien céder sur la conduite et à rendre au contraire vivant et amusant son enseignement, triomphait même des mouches. Il savait toujours tirer au bon moment de son armoire aux trésors la collection de minéraux, l'herbier, les papillons et les insectes naturalisés, les cartes [...] qui réveillaient l'intérêt fléchissant de ses élèves. Il était le seul dans l'école à avoir obtenu une lanterne magique et, deux fois par mois, il faisait des projections sur des sujets d'histoire naturelle ou de géographie. En arithmétique, il avait institué un concours de calcul mental qui forçait l'élève à la rapidité d'esprit. Il

1 **la rayure:** Streifen.
3 **le cataracte:** Wasserfall.
8 **hideux, se:** häßlich.
noyer: ertränken.
10 **le tronc:** hier: Bauch.
12 **céder sur qc:** etwas durchgehen lassen.
16 **un herbier:** Herbarium.
le papillon: Schmetterling.
17 **fléchir:** nachlassen, erlahmen.
19 **la lanterne magique:** Laterna magica (Projektionsgerät).
21 **le concours:** Wettbewerb.

lançait à la classe, où tous devaient avoir les bras croisés, les termes d'une division, d'une multiplication ou parfois d'une addition un peu compliquée. Combien font 1267 + 691. Le premier qui donnait le résultat juste était crédité d'un bon point à valoir sur le classement mensuel. Pour le reste, il utilisait les manuels avec compétence et précision … Les manuels étaient toujours ceux qui étaient en usage dans la métropole. Et ces enfants qui ne connaissaient que le sirocco, la poussière, les averses prodigieuses et brèves, le sable des plages et la mer en flammes sous le soleil, lisaient avec application, faisant sonner les virgules et les points, des récits pour eux mythiques où des enfants à bonnet et cache-nez de laine, les pieds chaussés de sabots, rentraient chez eux dans le froid glacé en traînant des fagots sur des chemins couverts de neige, jusqu'à ce qu'ils aperçoivent le toit enneigé de la maison où la cheminée qui fumait leur faisait savoir que la soupe aux pois cuisait dans l'âtre. Pour Jacques, ces récits étaient l'exotisme même. Il en rêvait, peuplait ses rédactions de descriptions d'un monde qu'il n'avait jamais vu, et ne cessait de questionner sa grand-mère sur une chute de neige qui avait eu lieu pendant une heure vingt ans auparavant sur la région d'Alger. […]

5 **créditer qn de qc:** jdm. etwas gutschreiben.
9 **le sirocco:** Schirokko (heißer Wüstenwind).
10 **prodigieux, se:** ungeheuer, gewaltig.
13 **le cache-nez:** Schal.
15 **le fagot:** Holzbündel.
18 **le pois:** Erbse.
un âtre: Herd.
23 **auparavant:** früher.

[L']école ne leur fournissait pas seulement une évasion à la vie de famille. Dans la classe de M. Bernard du moins, elle nourrissait en eux une faim plus essentielle encore à l'enfant qu'à l'homme et qui est la faim de la découverte. Dans les autres classes, on leur apprenait sans doute beaucoup de choses, mais un peu comme on gave les oies. On leur présentait une nourriture toute faite en les priant de vouloir bien l'avaler. Dans la classe de M. Germain*, pour la première fois ils sentaient qu'ils existaient et qu'ils étaient l'objet de la plus haute considération: on les jugeait dignes de découvrir le monde. Et même leur maître ne se vouait pas seulement à leur apprendre ce qu'il était payé pour leur enseigner, il les accueillait avec simplicité dans sa vie personnelle, il la vivait avec eux, leur racontant son enfance et l'histoire d'enfants qu'il avait connus, leur exposait ses points de vue, non point ses idées, car il était par exemple anticlérical comme beaucoup de ses confrères et n'avait jamais en classe un seul mot contre la religion, ni contre rien de ce qui pouvait être l'objet d'un choix ou d'une conviction, mais il n'en condamnait qu'avec plus de force ce qui ne souffrait pas de discussion, le vol, la délation, l'indélicatesse, la malpropreté.

* Ici l'auteur donne à l'instituteur son vrai nom.

1 **une évasion:** Flucht.
6 **gaver:** vollstopfen, mästen.
7 **une oie:** Gans.
12 **se vouer à qc:** sich einer Sache widmen.
17 f. **anticlérical, e:** antikirchlich.
18 **le confrère:** Berufskollege.
22 f. **la délation:** Denunziation.
23 **une indélicatesse:** Taktlosigkeit.

[...] M. Bernard était pour les châtiments corporels. La punition ordinaire consistait seulement, il est vrai, en mauvais points, qu'il déduisait à la fin du mois du nombre de points acquis par l'élève et qui le faisaient descendre alors dans le classement général. Mais, dans les cas graves, M. Bernard ne se souciait nullement, comme le faisaient souvent ses collègues, d'envoyer le contrevenant chez le directeur. Il opérait lui-même suivant un rite immuable. «Mon pauvre Robert», disait-il avec calme et en gardant sa bonne humeur, «il va falloir passer au sucre d'orge.» Personne dans la classe ne réagissait [...]. L'enfant se levait, pâle, mais la plupart du temps essayait de faire bonne contenance (certains sortaient de leur table en ravalant déjà leurs larmes et se dirigeaient vers le bureau à côté duquel se tenait déjà M. Bernard, devant le tableau noir). Toujours selon le rite, où entrait ici alors une pointe de sadisme, Robert ou Joseph allait prendre lui-même sur le bureau le «sucre d'orge» pour le remettre au sacrificateur.

Le sucre d'orge était une grosse et courte règle de bois rouge, tachée d'encre, déformée par des encoches et des entailles, que M. Bernard avait confisquée longtemps auparavant à un élève oublié; l'élève la remettait

1 **le châtiment:** Züchtigung, Strafe.
3 **déduire:** in Abzug bringen.
8 **le contrevenant:** Übeltäter.
9 **immuable:** unabänderlich.
11 **le sucre d'orge:** Zuckerstange.
13 **la contenance:** Haltung.
19 **le sacrificateur:** Priester, der ein Opfer bringt.
20 **la règle:** Lineal.
21 **une encoche:** Einkerbung.
22 **une entaille:** Einschnitt.

à M. Bernard, qui la recevait d'un air généralement goguenard et qui écartait alors les jambes. L'enfant devait placer sa tête entre les genoux du maître qui, resserrant les cuisses, la maintenait fortement. Et sur les fesses ainsi offertes, M. Bernard plaçait selon l'offense un nombre variable de bons coups de règle répartis également sur chaque fesse. Les réactions à cette punition différaient suivant les élèves. Les uns gémissaient avant même de recevoir les coups, et le maître impavide remarquait alors qu'ils étaient en avance, les autres se protégeaient ingénument les fesses de leurs mains, que M. Bernard écartait alors d'un coup négligent. D'autres, sous la brûlure des coups de règle, ruaient férocement. Il y avait aussi ceux, dont faisait partie Jacques, qui subissaient les coups sans mot dire, frémissant, et qui regagnaient leur place en ravalant de grosses larmes. Dans l'ensemble, cependant, cette punition était acceptée sans amertume, d'abord parce que presque tous ces enfants étaient battus chez eux et que la correction leur paraissait un mode naturel d'éducation, ensuite parce que l'équité du maître était absolue [...] et que la sentence était appliquée aux premiers comme aux derniers avec

2 **goguenard, e:** spöttisch.
écarter: spreizen.
4 **la cuisse:** Schenkel.
9 **impavide:** unerschütterlich.
11 **ingénument** (adv.): in aller Harmlosigkeit.
13 **ruer:** ausschlagen.
férocement (adv.): wild.
18 **une amertume:** Bitterkeit.
19 **la correction:** Strafe, Züchtigung.
21 **une équité:** Gerechtigkeit.
la sentence: Urteil.

une égalité chaleureuse. Jacques, que M. Bernard aimait visiblement beaucoup, y passait comme les autres, et il dut même y passer le lendemain du jour où M. Bernard lui avait manifesté publiquement sa préférence. Alors que Jacques se trouvait au tableau noir et que, sur une bonne réponse, M. Bernard lui avait caressé la joue, une voix ayant murmuré: «chouchou» dans la salle, M. Bernard l'avait pris contre lui et avait dit avec une sorte de gravité: «Oui, j'ai une préférence pour Cormery comme pour tous ceux d'entre vous qui ont perdu leur père à la guerre. Moi, j'ai fait la guerre avec leurs pères et je suis vivant. J'essaie de remplacer ici au moins mes camarades morts. Et maintenant, si quelqu'un veut dire que j'ai des ‹chouchous›, qu'il parle!» Cette harangue fut accueillie par un silence total. À la sortie, Jacques demanda qui l'avait appelé «chouchou». Accepter en effet une telle insulte sans réagir revenait à perdre l'honneur. «Moi», dit Munoz, un grand garçon blond assez mou et incolore, qui se manifestait rarement mais qui avait toujours manifesté son antipathie à Jacques. «Bon, dit Jacques. Alors la putain de ta mère.» C'était là aussi une injure rituelle qui entraînait immédiatement la bataille [...].

Le soir du combat avec Munoz, tout se déroula selon les rites. Les combattants, suivis de leurs supporters trans-

1 **chaleureux, se:** warmherzig.
7 **le chouchou:** Schätzchen, Lieblingsschüler.
14 **une harangue:** Ansprache.
21 **putain de ta mère:** Deine Mutter ist eine Hure!
25 **le combattant:** Streithahn.
le supporter: Anhänger.

formés en soigneurs et qui déjà portaient le cartable du champion, gagnèrent les premiers le champ vert, suivis par tous ceux que la bagarre attirait et qui, sur le champ de bataille, entouraient pour finir les adversaires, qui se débarrassaient de leur pèlerine et de leur veste dans les mains de leurs soigneurs. [...] Jacques [...] se rua vers Munoz, fit pleuvoir une grêle de coups de poing sur lui, le désempara, et fut assez heureux pour placer un crochet rageur sur l'œil droit du malheureux qui, en plein déséquilibre, tomba piteusement sur les fesses, pleurant d'un œil, pendant que l'autre gonflait immédiatement. L'œil au beurre noir, coup royal et très recherché parce qu'il consacrait pour plusieurs jours, et de manière visible, le triomphe du vainqueur, fit pousser à toute l'assistance des hurlements de Sioux. [...]

Le lendemain, [Jacques] se crut obligé de prendre un air faraud et de crâner. Comme, au début de la classe, Munoz ne répondait pas à l'appel [...], Jacques eut la faiblesse de montrer à ses camarades son œil à demi fermé en gonflant sa joue, et, sans se rendre compte que M. Bernard le regardait, en se livrant à une grotesque mimique qui disparut en un clin d'œil lorsque la voix du maître résonna dans la salle soudain silencieuse: «Mon

1 **le soigneur:** Betreuer, Sekundant.
3 **la bagarre:** Kampf, Schlägerei.
8 **désemparer:** aus der Fassung bringen.
8f. **le crochet:** Haken.
9 **rageur, se:** wütend, rasend.
10 **piteusement** (adv.): jämmerlich.
11 **gonfler:** anschwellen.
12 **un œil au beurre noir:** dickes blaues Auge.
17 **crâner:** prahlen.

pauvre chouchou, disait ce pince-sans-rire, tu as droit comme les autres au sucre d'orge.» Le triomphateur dut se lever, chercher l'instrument de supplice, et entra, dans la fraîche odeur d'eau de Cologne qui entourait M. Bernard, prendre enfin la posture ignominieuse du supplice.

pp. 135–147

La bourse (I)

L'année scolaire tirait à sa fin, et M. Bernard avait ordonné à Jacques, à Pierre, à Fleury, une sorte de phénomène qui réussissait également bien dans toutes les matières, «il a la tête polytechnique», disait le maître, et Santiago, un beau jeune garçon qui avait moins de dons mais réussissait à force d'application: «Voilà, dit M. Bernard quand la classe fut vide. Vous êtes mes meilleurs élèves. J'ai décidé de vous présenter à la bourse des lycées et collèges. Si vous réussissez, vous aurez une bourse et vous pourrez faire toutes vos études au lycée jusqu'au baccalauréat. L'école primaire est la meilleure des écoles. Mais elle ne vous mènera à rien. Le lycée vous ouvre toutes les portes. Et j'aime mieux que ce soit des garçons pauvres comme vous qui entrent par ces portes. Mais pour ça, j'ai besoin de l'autorisation de vos parents. Trottez.»

1 **le pince-sans-rire:** jd., der trockene Späße macht.
3 **le supplice:** körperliche Bestrafung.
5 **ignominieux, se:** schändlich, blamabel.
8 **la bourse:** Stipendium.
24 **trotter:** davongehen, abziehen, weggehen.

Ils filèrent, interdits, et, sans même se consulter, se séparèrent. Jacques trouva sa grand-mère seule à la maison qui triait des lentilles sur la toile cirée de la table, dans la salle à manger. Il hésitait, et puis décida d'attendre l'arrivée de sa mère. Elle arriva, visiblement fatiguée, mit un tablier de cuisine et vint aider la grand-mère à trier les lentilles. Jacques proposa son aide, et on lui donna l'assiette de grosse porcelaine blanche sur laquelle il était plus facile de trier la pierre de la bonne lentille. Le nez dans l'assiette, il annonça la nouvelle. «Qu'est-ce que c'est que cette histoire? dit la grand-mère. À quel âge on passe le bachot? – Dans six ans», dit Jacques. La grand-mère repoussa son assiette. «Tu entends?» dit-elle à Catherine Cormery. Elle n'avait pas entendu. Jacques, lentement, lui répéta la nouvelle. «Ah! dit-elle, c'est parce que tu es intelligent. – Intelligent ou pas, on devait le mettre en apprentissage l'an prochain. Tu sais bien que nous n'avons pas d'argent. Il rapportera sa semaine. – C'est vrai», dit Catherine.

Le jour et la chaleur commençaient de se détendre au-dehors. À cette heure où les ateliers fonctionnaient à plein, le quartier était vide et silencieux. Jacques regardait la rue. Il ne savait pas ce qu'il voulait, sinon qu'il voulait obéir à M. Bernard. Mais, à neuf ans, il ne pouvait ni ne savait désobéir à sa grand-mère. Elle hésitait pourtant, visiblement. «Qu'est-ce que tu ferais après? – Je ne sais pas. Peut-être instituteur, comme M. Bernard. – Oui, dans six ans!» Elle triait ses lentilles plus lentement.

1 **filer** (fig.): sich davonmachen, abziehen.
interdit, e: verdutzt.

«Ah! dit-elle, et puis non, nous sommes trop pauvres. Tu diras à M. Bernard que nous ne pouvons pas.»
Le lendemain, les trois autres annoncèrent à Jacques que leurs familles avaient accepté. «Et toi? – Je ne sais pas», dit-il, et de se sentir tout d'un coup plus pauvre encore que ses amis lui serrait le cœur. Après la classe, ils restèrent tous les quatre. Pierre, Fleury et Santiago donnèrent leur réponse. «Et toi, moustique? – Je ne sais pas.» M. Bernard le regardait. «Ça va, dit-il aux autres. Mais il faudra travailler le soir après la classe avec moi. J'arrangerai ça, vous pouvez partir.» Quand ils sortirent, M. Bernard s'assit sur son fauteuil et attira Jacques près de lui. «Alors? – Ma grand-mère dit que nous sommes trop pauvres et qu'il faut que je travaille l'an prochain. – Et ta mère? – C'est ma grand-mère qui commande. – Je sais», dit M. Bernard. Il réfléchissait, puis il prit Jacques dans ses bras. «Écoute: il faut la comprendre. La vie est difficile pour elle. À elles deux, elles vous ont élevés, ton frère et toi, et elles ont fait de vous les bons garçons que vous êtes. Alors elle a peur, c'est forcé. Il faudra t'aider encore un peu malgré la bourse, et en tout cas tu ne rapporteras pas d'argent pendant six ans à la maison. Tu la comprends?» Jacques secoua la tête de bas en haut sans regarder son maître. «Bon. Mais peut-être on peut lui expliquer. Prends ton cartable, je viens avec toi! – À la maison? dit Jacques. – Mais oui, ça me fera plaisir de revoir ta mère.»
Un moment après, M. Bernard, sous les yeux interdits de Jacques, frappait à la porte de sa maison. La grand-mère

8 **le moustique:** kleine Mücke, Schnake; hier: kleiner Mann.
20 **c'est forcé:** so ist das eben.

vint ouvrir en s'essuyant les mains avec son tablier dont le cordon trop serré fait rebondir son ventre de vieille femme. Quand elle vit l'instituteur, elle eut un geste vers ses cheveux pour les peigner. «Alors, la mémé, dit M. Bernard, en plein travail, comme d'habitude? Ah! vous avez du mérite.» La grand-mère faisait entrer le visiteur dans la chambre, qu'il fallait traverser pour aller dans la salle à manger, l'installait près de la table, sortait des verres et de l'anisette. «Ne vous dérangez pas, je suis venu faire un bout de conversation avec vous.» Pour commencer, il l'interrogea sur ses enfants, puis sur sa vie à la ferme, sur son mari, il parla de ses propres enfants. À ce moment, Catherine Cormery entra, s'affola, appela M. Bernard «Monsieur le Maître» et repartit dans sa chambre se peigner et mettre un tablier frais, et vint s'installer sur un bout de chaise un peu à l'écart de la table. «Toi, dit M. Bernard à Jacques, va voir dans la rue si j'y suis. Vous comprenez, dit-il à la grand-mère, je vais dire du bien de lui et il est capable de croire que c'est la vérité ...» Jacques sortit, dévala les escaliers et se posta sur le pas de la porte d'entrée. Il y était encore une heure plus tard, et la rue s'animait déjà, le ciel à travers les ficus virait au vert, quand M. Bernard déboucha de l'escalier et surgit dans son dos. Il lui grattait la tête. «Eh bien! dit-il, c'est entendu. Ta grand-mère est une brave femme.

2 **rebondir:** vorspringen.
4 **la mémé:** Oma.
6 **avoir du mérite:** etwas leisten, sich verdient machen.
13 **s'affoler:** in Aufregung verfallen.
20 **dévaler:** hinunterstürzen.
23 **déboucher:** heraustreten.
24 **gratter:** kraulen, kratzen.

Quant à ta mère ... Ah! dit-il, ne l'oublie jamais.» «Monsieur», dit soudain la grand-mère qui surgissait du couloir. Elle tenait son tablier d'une main et essuyait ses yeux. «J'ai oublié ... vous m'avez dit que vous donneriez des leçons supplémentaires à Jacques. – Bien sûr, dit M. Bernard. Et il ne va pas s'amuser, croyez-moi. – Mais nous ne pourrons pas vous payer.» M. Bernard la regardait attentivement. Il tenait Jacques par les épaules. «Ne vous en faites pas», et il secouait Jacques, «il m'a déjà payé». Il était déjà parti, et la grand-mère prenait Jacques par la main pour remonter à l'appartement, et pour la première fois elle lui serrait la main, très fort, avec une sorte de tendresse désespérée. «Mon petit, disait-elle, mon petit.»

Pendant un mois, tous les jours après la classe, M. Bernard gardait les quatre enfants pendant deux heures et les faisait travailler. Jacques rentrait le soir à la fois fatigué et excité et se mettait encore à ses devoirs. La grand-mère le regardait avec un mélange de tristesse et de fierté. «Il a bonne tête», disait Ernest, convaincu, en se frappant le crâne du poing. «Oui, disait la grand-mère. Mais qu'allons-nous devenir?»

pp. 149–153

21 **le crâne:** Schädel, Kopf.

La première communion

Un soir, [la grand-mère] sursauta: «Et sa première communion?» À vrai dire, la religion ne tenait aucune place dans la famille. Personne n'allait à la messe, personne n'invoquait ou n'enseignait les commandements divins, et personne non plus ne faisait allusion aux récompenses et aux châtiments de l'au-delà. Quand on disait de quelqu'un, devant la grand-mère, qu'il était mort: «Bon, disait-elle, il ne pétera plus.» S'il s'agissait de quelqu'un pour qui elle était censée au moins avoir de l'affection: «Le pauvre, disait-elle, il était encore jeune», même si le défunt se trouvait être depuis longtemps dans l'âge de la mort. Ce n'était pas inconscience chez elle. Car elle avait beaucoup vu mourir autour d'elle. Ses deux enfants, son mari, son gendre et tous ses neveux à la guerre. Mais justement, la mort lui était aussi familière que le travail ou la pauvreté, elle n'y pensait pas mais la vivait en quelque sorte, et puis la nécessité du présent était trop forte pour elle plus encore que pour les Algériens en général, privés par leurs préoccupations et par leur destin collectif de cette piété funéraire qui fleurit au sommet des civilisations. Pour eux, c'était une épreuve qu'il fallait affronter, comme ceux qui les avaient précédés, dont ils

5 **invoquer qc:** auf etwas verweisen, sich auf etwas berufen.
6 **une allusion:** Anspielung.
7 **l'au-delà** *m.:* Jenseits.
9 **péter:** furzen.
10 **être censé, e:** erwarten lassen.
20 **la préoccupation:** Sorge.
le destin: Schicksal.
21 **la piété funéraire:** etwa: Friedhofsfrömmelei.

ne parlaient jamais, où ils essayeraient de montrer ce courage dont ils faisaient la vertu principale de l'homme, mais qu'en attendant il fallait essayer d'oublier et d'écarter. [...] Si à cette disposition générale on ajoutait l'âpreté des luttes et du travail quotidien, sans compter, en ce qui concerne la famille de Jacques, l'usure terrible de la pauvreté, il devient difficile de trouver la place de la religion. Pour l'oncle Ernest qui vivait au niveau de la sensation, la religion était ce qu'il voyait, c'est-à-dire le curé et la pompe. Utilisant ses dons comiques, il ne manquait pas une occasion de mimer les cérémonies de la messe, les ornant d'onomatopées ⟨filées⟩ qui figuraient le latin, et pour finir jouant à la fois les fidèles qui baissaient la tête au son de la cloche et le prêtre qui, profitant de cette attitude, buvait subrepticement le vin de messe. Quant à Catherine Cormery, elle était la seule dont la douceur pût faire penser à la foi, mais justement la douceur était toute sa foi. Elle ne niait pas, ni approuvait, riant un peu aux plaisanteries de son frère, mais disait «Monsieur Curé» aux prêtres qu'elle rencontrait. Elle ne parlait jamais de Dieu. Ce mot-là, à vrai dire, Jacques ne l'avait jamais entendu prononcer pendant toute son enfance, et lui-même ne s'en inquiétait pas. La vie, mystérieuse et éclatante, suffisait à le remplir tout entier.

Avec tout cela, s'il était question dans sa famille d'un enterrement civil, il n'était pas rare que, paradoxalement, la grand-mère ou même l'oncle se missent à

5 **une âpreté:** Härte.
6 **une usure:** Abnutzung, Erschöpfung.
15 **subrepticement** (adv.): heimlich.

déplorer l'absence de prêtre: «comme un chien», disaient-ils. C'est que la religion faisait partie pour eux, comme pour la majorité des Algériens, de la vie sociale et d'elle seulement. On était catholique comme on est français, cela oblige à un certain nombre de rites. À vrai dire, ces rites étaient exactement au nombre de quatre: le baptême, la première communion, le sacrement du mariage (s'il y avait mariage) et les derniers sacrements. Entre ces cérémonies forcément très espacées, on s'occupait d'autre chose, et d'abord de survivre.
Il allait donc de soi que Jacques devait faire sa première communion comme l'avait faite Henri, qui gardait le plus mauvais souvenir non de la cérémonie elle-même mais de ses conséquences sociales et principalement des visites qu'il avait été obligé de faire ensuite pendant plusieurs jours, brassard au bras, aux amis et aux parents qui étaient tenus de lui faire un petit cadeau d'argent, que l'enfant recevait avec gêne et dont le montant était ensuite récupéré par la grand-mère qui en rétrocédait à Henri une toute petite part, gardant le reste parce que la communion «coûtait». Mais cette cérémonie avait lieu aux environs de la douzième année de l'enfant, qui pendant deux ans devait suivre l'enseignement du caté-

1 **déplorer:** beklagen.
7 **le baptême:** Taufe.
9 **forcément** (adv.): zwangsläufig.
espacé, e: auseinanderliegend.
16 **le brassard:** Armbinde.
18 **avec gêne:** gehemmt, verlegen (*la gêne:* Peinlichkeit).
le montant: Betrag, Summe.
19 **récupérer:** an sich nehmen.
rétrocéder: wieder abtreten.

chisme. Jacques n'aurait donc à faire sa première communion qu'à sa deuxième ou troisième année de lycée. Mais justement, la grand-mère avait sursauté à cette idée. Elle se faisait du lycée une idée obscure et un peu effrayante, comme d'un lieu où il fallait travailler dix fois plus qu'à l'école communale puisque ces études menaient à de meilleures situations et que, dans son esprit, aucune amélioration matérielle ne pouvait s'acquérir sans un surcroît de travail. Elle souhaitait d'autre part de toutes ses forces le succès de Jacques en raison des sacrifices qu'elle venait d'accepter d'avance, et elle imaginait que le temps du catéchisme serait enlevé à celui du travail. «Non, dit-elle, tu ne peux pas être à la fois au lycée et au catéchisme. – Bon. Je ne ferai pas ma première communion», dit Jacques qui pensait surtout échapper à la corvée des visites et à l'humiliation insupportable pour lui de recevoir de l'argent. La grand-mère le regarda. «Pourquoi? Ça peut s'arranger. Habille-toi. Nous allons voir le curé.» Elle se leva et passa d'un air décidé dans sa chambre. Quand elle revint, elle avait ôté son caraco et sa jupe de travail, mis son unique robe de sortie [...] boutonnée jusqu'au cou, et elle avait noué autour de sa tête son foulard de soie noire. Les bandeaux de cheveux blancs bordaient le foulard, les

3 **sursauter:** aufschrecken.
9 **le surcroît:** zusätzliches Maß.
10f. **en raison de:** wegen.
16 **la corvée:** lästige Pflicht.
une humiliation: Erniedrigung.
16f. **insupportable:** unerträglich.
21 **le caraco:** Jäckchen.
24 **le bandeau:** Strähne.

yeux clairs et la bouche ferme lui donnaient l'air même de la décision.

À la sacristie de l'église Saint-Charles, une affreuse bâtisse en gothique moderne, elle était assise, tenant la main de Jacques debout près d'elle, devant le curé, un gros homme d'une soixantaine d'années, au visage rond, un peu mou, avec un gros nez, sa bouche épaisse au bon sourire sous la couronne de cheveux argentés, et qui tenait ses mains jointes sur sa robe tendue par ses genoux écartés. «Je veux, dit la grand-mère, que le petit fasse sa première communion. – C'est très bien, madame, nous en ferons un bon chrétien. Quel âge a-t-il? – Neuf ans. – Vous avez raison de lui faire suivre le catéchisme très tôt. En trois ans, il sera parfaitement préparé à ce grand jour. – Non, dit la grand-mère sèchement. Il doit la faire tout de suite. – Tout de suite? Mais les communions vont se faire dans un mois, et il ne peut se présenter à l'autel qu'après deux ans au moins de catéchisme.» La grand-mère expliqua la situation. Mais le curé n'était nullement convaincu de l'impossibilité de mener de front les études secondaires et l'instruction religieuse. Avec patience et bonté, il invoquait son expérience, donnait des exemples ... La grand-mère se leva. «Dans ce cas, il ne fera pas sa première communion. Viens, Jacques», et elle entraîna l'enfant vers la sortie. Mais le curé se précipitait derrière eux. «Attendez, madame, attendez.» Il la ramena doucement à sa place, essaya de la raisonner.

3 **affreux, se:** schrecklich.
15 **sèchement** (adv.): knapp, unfreundlich.
17 **un autel:** Altar.
27 **raisonner qn:** jdm. vernünftig zureden.

Mais la grand-mère secouait la tête comme une vieille mule obstinée. «C'est tout de suite ou il s'en passera.» Finalement, le curé céda. Il fut convenu qu'après avoir reçu une instruction religieuse accélérée, Jacques communierait un mois après. Et le prêtre, secouant la tête, les raccompagna jusqu'à la porte [...].

pp. 153–157

La bourse (II)

«Ça s'est bien passé, dit M. Bernard. Bon, eh bien, au travail maintenant.» Encore quelques journées de dur travail, et les dernières leçons eurent lieu chez M. Bernard lui-même [...], et un matin, à l'arrêt du tramway, près de la maison de Jacques, les quatre élèves munis d'un sous-main, d'une règle et d'un plumier se tenaient autour de M. Germain, tandis qu'au balcon de sa maison Jacques voyait sa mère et sa grand-mère penchées en avant et qui leur faisaient de grands signes.

Le lycée où avaient lieu les examens se trouvait de l'autre côté exactement, à l'autre extrémité de l'arc de cercle que formait la ville autour du golfe, dans un quartier autrefois opulent et morne, et devenu, par la vertu

2 **la mule:** Maulesel.
obstiné, e: dickköpfig, stur.
14 **le sous-main:** Schreibunterlage.
le plumier: Federmäppchen.
19f. **un arc de cercle:** Bogen.
21 **opulent, e:** wohlhabend.
morne: trist.
21f. **par la vertu de:** wegen, durch.

de l'immigration espagnole, un des plus populaires et des plus vivants d'Alger. Le lycée lui-même était une énorme bâtisse carrée surplombant la rue. On y accédait par deux escaliers de côté et un de face, large et monumental, que flanquaient de chaque côté de maigres jardins plantés de bananiers [...] protégés par des grilles contre le vandalisme des élèves. L'escalier central débouchait dans une galerie qui réunissait les deux escaliers de côté et où s'ouvrait la porte monumentale utilisée dans les grandes occasions, à côté de laquelle une porte beaucoup plus petite donnant sur la loge vitrée du concierge était utilisée ordinairement.

C'est dans cette galerie, au milieu des premiers élèves arrivés, qui, pour la plupart, cachaient leur trac sous des allures dégagées, sauf certains dont la mine pâlie et le silence avouaient l'anxiété, que M. Bernard et ses élèves attendaient, devant la porte close dans le petit matin encore frais et devant la rue encore humide que dans un moment le soleil couvrirait de poussière. Ils étaient d'une bonne demi-heure en avance, ils se taisaient, serrés autour de leur maître, qui ne trouvait rien à leur dire et qui soudain les quitta en disant qu'il reviendrait. Ils le virent revenir en effet un moment après, toujours élégant avec son chapeau au bord roulé et les guêtres qu'il avait mises ce jour-là, tenant de chaque main deux

3 **surplomber qc:** über etwas hinausragen.
accéder à qc: Zutritt bekommen.
14 **le trac:** Lampenfieber.
15 **dégagé, e:** entspannt.
16 **une anxiété:** Angst.
24 **la guêtre:** Gamasche.

paquets en papier de soie simplement roulés en torsade à l'extrémité pour qu'on puisse les tenir, et, quand il approcha, ils virent que le papier était taché de gras. «Voilà des croissants, dit M. Bernard. Mangez-en un maintenant et gardez l'autre pour dix heures.» Ils dirent merci et mangèrent, mais la pâte mâchée et indigeste passait difficilement leur gorge. «Ne vous affolez pas, répétait l'instituteur. Lisez bien l'énoncé du problème et le sujet de la rédaction. Lisez-les plusieurs fois. Vous avez le temps.» Oui, ils liraient plusieurs fois, ils lui obéiraient, à lui qui savait tout et auprès de qui la vie était sans obstacles, il suffisait de se laisser guider par lui. À ce moment, un brouhaha se fit près de la petite porte. La soixantaine d'élèves maintenant réunis se dirigea dans cette direction. Un appariteur avait ouvert la porte et lisait une liste. Le nom de Jacques fut appelé un des premiers. Il tenait alors la main de son maître, il hésita. «Va, mon fils», dit M. Bernard. Jacques, tremblant, se dirigea vers la porte et, au moment de la franchir, se retourna vers son maître. Il était là, grand, solide, il souriait tranquillement à Jacques et secouait la tête affirmativement.

À midi. M. Bernard les attendait à la sortie. Ils lui montrèrent leurs brouillons. Seul Santiago s'était trompé en faisant son problème. «Ta rédaction est très bonne», dit-il brièvement à Jacques. À une heure, il les raccom-

1 **rouler en torsade:** zusammendrehen, -knüllen.
6 **mâcher:** kauen.
indigeste: unverdaulich.
8 **un énoncé du problème:** Aufgabenstellung.
15 **un appariteur:** Hausmeister.
24 **le brouillon:** Konzept.

pagna. À quatre heures, il était encore là et examinait leur travail. «Allons, dit-il, il faut attendre.» Deux jours après, ils étaient encore tous les cinq devant la petite porte à dix heures du matin. La porte s'ouvrit et l'appariteur lut à nouveau une liste beaucoup plus courte qui était cette fois celle des élus. Dans le brouhaha, Jacques n'entendit pas son nom. Mais il reçut une joyeuse claque sur la nuque et entendit M. Bernard lui dire: «Bravo, moustique. Tu es reçu.» Seul le gentil Santiago avait échoué, et ils le regardaient avec une sorte de tristesse distraite. «Ça ne fait rien, disait-il, ça ne fait rien.» Et Jacques ne savait plus où il était, ni ce qui arrivait, ils revenaient tous les quatre en tramway, «j'irai voir vos parents, disait M. Bernard, je passe d'abord chez Cormery puisqu'il est le plus proche», et dans la pauvre salle à manger maintenant pleine de femmes où se tenaient sa grand-mère, sa mère, qui avait pris un jour de congé à cette occasion [...], et les femmes Masson leurs voisines, il se tenait contre le flanc de son maître, respirant une dernière fois l'odeur d'eau de Cologne, collé contre la tiédeur chaleureuse de ce corps solide, et la grand-mère rayonnait devant les voisines. «Merci, Monsieur Bernard, merci», disait-elle pendant que M. Bernard caressait la tête de l'enfant. «Tu n'as plus besoin de moi, disait-il, tu auras des maîtres plus savants. Mais tu sais où je suis, viens me voir si tu as besoin que je t'aide.» Il partait et Jacques restait seul, perdu au milieu de ces

6 **un élu:** Erwählter.
7 **la claque:** Klaps.
8 **la nuque:** Nacken.
10 **échouer:** versagen, keinen Erfolg haben.
22 **rayonner:** strahlen.

femmes, puis il se précipitait à la fenêtre, regardant son maître que le saluait une dernière fois et qui le laissait désormais seul, et, au lieu de la joie du succès, une immense peine d'enfant lui tordait le cœur, comme s'il savait d'avance qu'il venait par ce succès d'être arraché au monde innocent et chaleureux des pauvres, monde refermé sur lui-même comme une île dans la société mais où la misère tient lieu de famille et de solidarité, pour être jeté dans un monde inconnu, qui n'était plus le sien, où il ne pouvait croire que les maîtres fussent plus savants que celui-là dont le cœur savait tout, et il devrait désormais apprendre, comprendre sans aide, devenir un homme enfin sans le secours du seul homme qui lui avait porté secours, grandir et s'élever seul enfin, au prix le plus cher.

pp. 160–163

Le lycée

Lorsque, le 1er octobre de cette année-là, Jacques Cormery, mal assuré sur ses grosses chaussures neuves, engoncé dans une chemise qui gardait encore son apprêt, bardé d'un cartable fleurant le vernis et le cuir, vit le wattman, près duquel Pierre et lui se tenaient à l'avant

4 **tordre:** hier: zusammenschnüren.
19f. **engoncer:** einschnüren.
20 **un apprêt:** Stärkemittel, Appretur.
21 **barder:** rüsten.
fleurir: duften.
le vernis: Lack.
22 **le wattman:** Fahrer der elektrischen Straßenbahn.

de la motrice, ramener son levier vers la première vitesse et que le lourd véhicule quitta l'arrêt de Belcourt, il se retourna pour essayer d'apercevoir, à quelques mètres de là, sa mère et sa grand-mère, penchées encore à la fenêtre, pour l'accompagner encore un peu dans ce premier départ vers le mystérieux lycée, mais il ne put les voir parce que son voisin lisait les pages intérieures de *La Dépêche algérienne*. Alors il se retourna vers l'avant, regardant les rails d'acier que la motrice avalait régulièrement et au-dessus d'eux les fils électriques vibrant dans le matin frais, tournant le dos, le cœur un peu serré, à la maison, au vieux quartier qu'il n'avait jamais vraiment quitté que pour de rares expéditions (on disait «aller à Alger» quand on allait dans le centre), roulant enfin à une vitesse de plus en plus grande, et, malgré l'épaule fraternelle de Pierre presque collé à lui, avec un sentiment de solitude inquiète vers un monde inconnu où il ne savait pas comment il faudrait se conduire.

En vérité, personne ne pouvait les conseiller. Pierre et lui s'aperçurent très vite qu'ils étaient seuls. M. Bernard lui-même, que d'ailleurs ils n'osaient pas déranger, ne pouvait rien leur dire sur ce lycée qu'il ignorait. Chez eux, l'ignorance était encore plus totale. Pour la famille de Jacques, le latin par exemple était un mot qui n'avait rigoureusement aucun sens. Qu'il y ait eu (en dehors des temps de la bestialité, qu'ils pouvaient au contraire imaginer) des temps où personne ne parlait français, que des civilisations (et le mot même ne signifiait rien pour eux) se fussent succédé dont les usages et la langue fussent à

1 **la motrice:** Motorwagen.
le levier: Schalthebel.

ce point différents, ces vérités n'étaient pas parvenues jusqu'à eux. Ni l'image, ni la chose écrite, ni l'information parlée, ni la culture superficielle qui naît de la banale conversation ne les avaient atteints. Dans cette maison où il n'y avait pas de journaux, ni, jusqu'à ce que Jacques en importât, de livres, pas de radio non plus, où il n'y avait que des objets d'utilité immédiate, où l'on ne recevait que la famille, et que l'on ne quittait que rarement et toujours pour rencontrer des membres de la même famille ignorante, ce que Jacques ramenait du lycée était inassimilable, et le silence grandissait entre sa famille et lui. Au lycée même, il ne pouvait parler de sa famille dont il sentait la singularité sans pouvoir la traduire, si même il avait triomphé de l'invincible pudeur qui lui fermait la bouche sur ce sujet.

Ce n'était même pas la différence des classes qui les isolait. Dans ce pays d'immigration, d'enrichissement rapide et de ruines spectaculaires, les frontières entre les classes étaient moins marquées qu'entre les races. [...]

Aux interrogations du début d'année, il avait pu répondre certainement que son père était mort à la guerre, ce qui était en somme une situation sociale, et qu'il était pupille de la nation, ce qui s'entendait de tous. Mais, pour le reste, les difficultés avaient commencé. Dans les imprimés qu'on leur avait remis, il ne savait que mettre à la mention «profession des parents». Il avait d'abord mis «ménagère» pendant que Pierre avait mis «em-

3 **superficiel, le:** oberflächlich.
14 **la pudeur:** Schamgefühl.
23 **le, la pupille:** Kind unter Vormundschaft.
25 **un imprimé:** Formular.

ployée des P.T.T.». Mais Pierre lui précisa que ménagère n'était pas une profession mais se disait d'une femme qui gardait la maison et faisait son ménage. «Non, dit Jacques, elle fait le ménage des autres et surtout celui du mercier en face. – Eh bien, dit Pierre en hésitant, je crois qu'il faut mettre domestique.» Cette idée n'était jamais venue à Jacques pour la simple raison que ce mot, trop rare, n'était jamais prononcé chez lui – pour la raison aussi que personne chez eux n'avait le sentiment qu'elle travaillait pour les autres, elle travaillait d'abord pour ses enfants. Jacques se mit à écrire le mot, s'arrêta et d'un seul coup connut [...] la honte et la honte d'avoir eu honte.

[...]

Dans une autre occasion, comme on lui demandait sa confession, il répondit «catholique». On lui demanda s'il fallait l'inscrire au cours d'instruction religieuse et, se souvenant des craintes de sa grand-mère, il répondit que non. «En somme, dit le répétiteur qui était un pince-sans-rire, vous êtes un catholique non pratiquant.» Jacques ne pouvait rien expliquer de ce qui se passait chez lui, ni dire la manière singulière dont les siens abordaient la religion. Il répondit donc fermement «oui», ce qui fit rire et lui donna la réputation d'une forte tête au moment même où il se sentait le plus désorienté.

Un autre jour, le professeur de lettres, ayant distribué aux élèves un imprimé relatif à une question d'organisation intérieure, leur demanda de le ramener signé par leurs parents. L'imprimé déjà qui dénombrait tout ce

6 **le, la domestique:** Hausdiener(in).
19 **le répétiteur:** aufsichtführender Lehrer.
29 **dénombrer:** aufzählen.

qu'il était interdit aux élèves d'introduire au lycée, depuis les armes jusqu'aux illustrés en passant par les jeux de cartes, était rédigé de manière si choisie que Jacques dut le résumer en termes simples à sa mère et à sa grand-mère. Sa mère était la seule qui pût apposer au bas de l'imprimé une grossière signature. Comme après la mort de son mari, elle avait eu à toucher chaque trimestre sa pension de veuve de guerre, et que l'administration, en l'espèce le Trésor public – mais Catherine Cormery disait simplement qu'elle allait au trésor, qui n'était pour elle qu'un nom propre, vide de sens, et qui donnait au contraire aux enfants l'idée d'un endroit mythique aux ressources inépuisables où leur mère était admise à puiser, de loin en loin, de faibles quantités d'argent –, lui demandait chaque fois une signature, après les premières difficultés, un voisin [...] lui avait appris à recopier le modèle d'une signature Vve Camus* qu'elle réussissait plus ou moins bien mais qui était acceptée. Le lendemain matin, cependant, Jacques s'aperçut que sa mère, qui était partie beaucoup plus tôt que lui, pour nettoyer un magasin qui ouvrait de bonne heure, avait oublié de signer l'imprimé. Sa grand-mère ne savait pas signer. Elle faisait ses comptes d'ailleurs avec un système de ronds qui, selon qu'ils étaient rayés une ou deux fois, représentaient l'unité, la dizaine ou la centaine. Jacques dut remporter son imprimé sans signature, dit que sa mère avait oublié, se fit demander si personne chez lui

* Ici l'auteur utilise le vrai nom.

9 **en l'espèce** (*f.*): in diesem speziellen Fall.
14 **puiser:** schöpfen, herausholen.

ne pouvait signer, répondit que non et découvrit à l'air surpris du professeur que ce cas était moins banal qu'il ne l'avait cru jusque-là.

pp. 185–190

La rue Bab-Azoun débouchait pour finir dans un grande place où, à gauche et à droite, s'élevaient face à face le lycée et la caserne. Le lycée tournait le dos à la ville arabe, dont les rues escarpées et humides commençaient de grimper le long de la colline. La caserne tournait le dos à la mer. Au-delà du lycée, commençait le jardin Marengo; au-delà de la caserne, le quartier pauvre et à demi espagnol de Bab-el-Oued. Quelques minutes avant sept heures un quart, Pierre et Jacques, après avoir gravi les escaliers à toute allure, entraient au milieu d'un flot d'enfants par la petite porte du concierge, à côté du portail d'honneur. Ils débouchaient sur le grand escalier d'honneur, de part et d'autre duquel étaient affichés les tableaux d'honneur, et qu'ils grimpaient encore à toute allure pour arriver sur le palier, où s'amorçait à gauche l'escalier des étages et qui était séparé de la grande cour par une galerie vitrée. Là, derrière un des piliers du palier, ils repéraient le Rhinocéros qui guettait les retardataires. (Le Rhinocéros était un surveillant général, corse, petit et nerveux, qui devait son surnom à une moustache en croc.) Une autre vie commençait.
Pierre et Jacques avaient obtenu, en raison de leur

14 **gravir:** erklimmen.
à toute allure: in größter Eile.
15 **le flot:** Flut.
22f. **le retardataire:** Zuspätkommender.

«situation de famille», une bourse de demi-pensionnaires. Ils passaient donc toute la journée au lycée et déjeunaient au réfectoire. Les classes commençaient à 8 heures ou 9 heures selon les jours, mais le petit déjeuner était servi aux internes à 7 h 1/4, et les demi-pensionnaires y avaient droit. Les familles des deux enfants n'avaient jamais pu imaginer qu'on pût renoncer à un droit quelconque, alors qu'elles en avaient si peu; Jacques et Pierre étaient donc parmi les rares demi-pensionnaires qui arrivaient à 7 h 1/4 dans le grand réfectoire blanc et rond, où les internes mal réveillés s'installaient déjà devant les longues tables recouvertes de zinc, devant de grands bols et d'énormes corbeilles où étaient empilées de grosses tranches de pain sec, pendant que les garçons, pour la plupart arabes, emmaillotés dans de hauts tabliers de toile grossière, passaient entre les rangs avec de grandes cafetières autrefois brillantes qui portaient de grands becs coudés, pour verser dans les bols un liquide bouillant qui comportait plus de chicorée que de café. Ayant exercé leur droit, les enfants pouvaient, un quart d'heure plus tard, rejoindre l'étude où, sous la surveillance d'un répétiteur, lui-même interne, les élèves pouvaient repasser leurs leçons avant que commence la classe.

La grande différence avec l'école communale était la multiplicité des maîtres. M. Bernard savait tout et enseignait tout ce qu'il savait de la même manière. Au lycée, les maîtres changeaient avec les matières, et les méthodes changeaient avec les hommes. La comparaison devenait possible, c'est-à-dire qu'il fallait choisir entre

15 **emmailloter:** einhüllen.

ceux qu'on aimait et ceux qu'on n'aimait point. Un instituteur, de ce point de vue, est plus près d'un père, il en occupe presque toute la place, il est inévitable comme lui et fait partie de la nécessité. La question ne se pose donc pas réellement de l'aimer ou pas. On l'aime le plus souvent parce qu'on dépend absolument de lui. Mais si d'aventure l'enfant ne l'aime pas, ou l'aime peu, la dépendance et la nécessité restent, qui ne sont pas loin de ressembler à l'amour. Au lycée, au contraire, les professeurs étaient comme ces oncles entre lesquels on a le droit de choisir. En particulier, on pouvait ne pas les aimer, et il y avait ainsi certain professeur de physique extrêmement élégant dans sa mise, autoritaire et grossier dans son langage, que ni Jacques ni Pierre ne purent jamais «encaisser», bien qu'à travers les années ils dussent le retrouver deux ou trois fois. Celui qui avait le plus de chance d'être aimé était le professeur de lettres, que les enfants voyaient plus souvent que les autres, et, en effet, Jacques et Pierre s'attachaient à lui dans presque toutes les classes, sans pouvoir cependant s'appuyer sur lui puisqu'il ne connaissait rien d'eux et que, la classe terminée, il repartait vers une vie inconnue et eux aussi, repartant vers ce quartier lointain où il n'y avait aucune chance qu'un professeur de lycée s'installât, à tel point qu'ils ne rencontraient jamais personne, ni professeurs ni élèves, sur leur ligne de tramway – que de rouges qui desservaient les bas quartiers (le C.F.R.A.), les quartiers du haut, réputés élégants, étant desservis au contraire par une autre ligne aux voitures vertes, les T.A. Les T.A. d'ailleurs arrivaient jusqu'au lycée, tandis que les

13 **la mise:** Kleidung.

C.F.R.A. s'arrêtaient à la place du Gouvernement [...]. Si bien que, leur journée finie, les deux enfants sentaient leur séparation à la porte même du lycée, ou, à peine plus loin, sur la place du Gouvernement, lorsque, quittant le groupe joyeux de leurs camarades, ils se dirigeaient vers les voitures rouges à destination des quartiers les plus pauvres. Et c'était bien leur séparation qu'ils sentaient, non leur infériorité. Ils étaient d'ailleurs, voilà tout.

Pendant la journée de classe, au contraire, la séparation était abolie. Les tabliers pouvaient être plus ou moins élégants, ils se ressemblaient. Les seules rivalités étaient celles de l'intelligence pendant les cours et de l'agilité physique pendant les jeux. Dans ces deux sortes de concours, les deux enfants n'étaient pas les derniers. La formation solide que les deux enfants avaient reçue à la communale leur avait donné une supériorité qui, dès la sixième, les plaça dans le peloton de tête. Leur orthographe imperturbable, leurs calculs solides, leur mémoire exercée et surtout le respect [...] qu'on leur avait inculqué pour toutes les sortes de connaissance étaient, au début de leurs études du moins, des atouts maîtres. Si Jacques n'avait pas été si remuant, ce qui compromettait régulièrement son inscription au tableau d'honneur, si Pierre avait mieux mordu au latin, leur

8 **une infériorité:** Unterlegenheit.
11 **abolir:** abschaffen.
13 **une agilité:** Gewandtheit.
18 **le peloton de tête:** Spitzengruppe.
21 **inculquer:** eintrichtern.
22 f. **un atout maître:** absolute Trumpfkarte.
25 **mordre à qc:** sich in etwas verbeißen; hier: fleißig mitarbeiten.

triomphe eût été total. Dans tous les cas, encouragés par leurs maîtres, ils étaient respectés. Quant aux jeux, il s'agissait surtout du football, et Jacques découvrit dès les premières récréations ce qui devait être la passion de tant d'années. Les parties se jouaient à la récréation qui suivait le déjeuner au réfectoire et à celle d'une heure qui séparait, pour les internes, les demi-pensionnaires et les externes surveillés, la dernière classe de 4 heures. À ce moment, une récréation d'une heure permettait aux enfants de manger leur goûter et de se détendre avant l'étude où, pendant deux heures, ils pourraient faire leur travail du lendemain. Pour Jacques, il n'était pas question de goûter. Avec les mordus du football, il se précipitait dans la cour cimentée, encadrée sur les quatre côtés d'arcades à gros piliers (sous lesquelles les forts en thème et les sages se promenaient en bavardant), longée de quatre ou cinq bancs verts, plantée aussi de gros ficus protégés par des grilles de fer. Deux camps se partageaient la cour, les gardiens de but se plaçaient à chaque extrémité entre les piliers, et une grosse balle de caoutchouc mousse était mise au centre. Point d'arbitre, et au premier coup de pied les cris et les courses commençaient. C'est sur ce terrain que Jacques, qui parlait déjà d'égal à égal avec les meilleurs élèves de la classe, se faisait respecter et aimer aussi des plus mauvais, qui sou-

10 **le goûter:** Vesper.
13 **le mordu:** begeisterter Anhänger.
14 **encadrer:** umrahmen.
15 f. **le fort en thème:** Streber, Primus (*le thème:* Übersetzung in die Fremdsprache).
20 f. **le caoutchouc mousse:** Vollgummi.
21 **un arbitre:** Schiedsrichter.

vent avaient reçu du ciel, faute d'une tête solide, des jambes vigoureuses et un souffle inépuisable. Là, il se séparait pour la première fois de Pierre qui ne jouait pas, bien qu'il fût naturellement adroit: il devenait plus fragile, grandissant plus vite que Jacques, devenant plus blond aussi, comme si la transplantation lui réussissait moins bien. Jacques, lui, tardait à grandir, ce qui lui valait les gracieux surnoms de «Rase-mottes» et de «Bas du cul», mais il n'en avait cure et, courant éperdument la balle au pied, pour éviter l'un après l'autre un arbre et un adversaire, il se sentait le roi de la cour et de la vie. Quand le tambour résonnait pour marquer la fin de la récréation et le début de l'étude, il tombait réellement du ciel, arrêté pile sur le ciment, haletant et suant, furieux de la brièveté des heures, puis reprenant peu à peu conscience du moment et se ruant alors de nouveau vers les rangs avec les camarades, essuyant la sueur sur son visage à grand renfort de manches, et pris tout d'un coup de frayeur à la pensée de l'usure des clous à la semelle de ses souliers, qu'il examinait avec angoisse au début de l'étude, essayant d'évaluer la différence d'avec la veille et le brillant des pointes et se rassurant justement sur la difficulté qu'il trouvait à mesurer le degré de l'usure. Sauf lorsque quelque dégât irréparable, semelle ouverte,

8 **le rase-mottes:** Tiefflieger.
9 **avoir cure de qc:** sich um etwas kümmern.
éperdument (adv.): mit aller Kraft.
12 **le tambour:** Trommel.
résonner: ertönen.
14 **arrêter pile:** plötzlich stoppen.
suer: schwitzen.
16 **se ruer:** sich stürzen.
24 **le dégât:** Schaden.

empeigne coupée ou talon tordu, ne laissait aucun doute sur l'accueil qu'il recevrait en rentrant, et il avalait sa salive le ventre serré, pendant les deux heures d'études, essayant de racheter sa faute par un travail plus soutenu où, cependant, et malgré tous ses efforts, la peur des coups mettait une distraction fatale. Cette dernière étude était d'ailleurs celle qui paraissait la plus longue. Elle durait d'abord deux heures. Puis elle se déroulait dans la nuit ou le soir commençant. Les hautes fenêtres donnaient sur le jardin Marengo. Autour de Jacques et de Pierre, assis côté à côté, les élèves étaient plus silencieux que d'ordinaire, fatigués du travail et des jeux, absorbés dans les dernières tâches. À la fin de l'année en particulier, le soir tombait sur les grands arbres, les parterres et les bouquets de bananiers du jardin. Le ciel de plus en plus vert se distendait à mesure pendant que les bruits de la ville devenaient plus lointains et plus sourds. Lorsqu'il faisait très chaud et qu'une des fenêtres restait entrouverte, on entendait les cris des dernières hirondelles au-dessus du jardinet, et l'odeur des seringas et des grands magnolias venait noyer les parfums plus acides et plus amers de l'encre et de la règle. Jacques rêvait, le cœur étrangement serré, jusqu'à ce qu'il soit rappelé à l'ordre par le jeune répétiteur, qui préparait lui-même son travail de Faculté. Il fallait attendre le dernier tambour.

À sept heures, c'était la ruée hors du lycée, la course, en

2 f. **la salive:** Speichel.
19 **entrouvert, e:** halb offen.
21 **le seringa:** Philadelphus, Pfeifenstrauch.
noyer: hier: verdrängen.
22 **acide:** sauer, säuerlich.

groupes bruyants, le long de la rue Bab-Azoun, dont tous les magasins étaient éclairés, les trottoirs chargés de monde sous les arcades, si bien qu'il fallait courir parfois sur la chaussée elle-même, entre les rails jusqu'à ce qu'un tram soit en vue et qu'il faille alors se rejeter sous les arcades, jusqu'à ce qu'enfin s'ouvre devant eux la place du Gouvernement au pourtour illuminé par les kiosques et les éventaires des marchands arabes éclairés par les lampes à acétylène dont les enfants respiraient l'odeur avec délice. Les trams rouges attendaient, déjà chargés à craquer, alors que le matin ils étaient moins peuplés et il fallait parfois rester sur le marchepied des jardinières, ce qui était à la fois interdit et toléré, jusqu'à ce que des voyageurs descendent à un arrêt, et les enfants s'enfonçaient alors dans la masse humaine, séparés, sans pouvoir en tout cas bavarder, et réduits à travailler lentement des coudes et du corps pour parvenir à une des rambardes d'où l'on pouvait voir le port obscur, où les grands paquebots piquetés de lumière semblaient, dans la nuit de la mer et du ciel, des carcasses d'immeubles incendiés où la combustion aurait laissé toutes ses braises. Les grands tramways illuminés passaient alors dans un grand bruit au-dessus de la mer, puis plongeaient un peu vers l'intérieur et défilaient alors entre des maisons de plus en plus pauvres jusqu'au

13 **la jardinière:** Straßenbahnwagen.
18 **la rambarde:** Barriere.
19 **le paquebot:** Passagierdampfer.
piqueté, e: übersät.
20f. **la carcasse:** Gerippe.
21 **la combustion:** Verbrennung.
22 **la braise:** Glut.

quartier de Belcourt, où il fallait se séparer et monter les escaliers jamais éclairés vers la lumière ronde de la lampe à pétrole qui éclairait la toile cirée et les chaises autour de la table, laissant dans l'ombre le reste de la pièce où Catherine Cormery s'affairait devant le buffet pour préparer le couvert, pendant que la grand-mère faisait réchauffer dans la cuisine le ragoût de midi et que le frère aîné lisait sur un coin de table un roman d'aventures. Parfois, il fallait aller chez l'épicier mozabite chercher le sel ou le quart de beurre qui manquait au dernier moment, ou aller chercher l'oncle Ernest qui pérorait chez Gaby, au café. À 8 heures, on dînait, en silence, ou bien l'oncle racontait une aventure obscure qui le faisait rire aux éclats, mais en tout cas il n'était jamais question du lycée, sinon lorsque la grand-mère demandait si Jacques avait eu de bonnes notes, et il disait oui et personne n'en parlait plus, et sa mère ne lui demandait rien, secouant la tête et le regardant de ses yeux doux lorsqu'il reconnaissait avoir eu de bonnes notes, mais toujours silencieuse et un peu détournée, «ne bougez pas, disait-elle à sa mère, je vais chercher le fromage», puis plus rien jusqu'à la fin, où elle se levait pour débarrasser. «Aide ta mère», disait la grand-mère parce qu'il prenait les *Pardaillan* pour lire avidement. Il aidait et revenait sous la lampe, plaçant le gros livre qui parlait de duels et de courage sur la toile cirée lisse et nue, pendant que sa mère, tirant une chaise hors de la lumière de la lampe, s'asseyait contre la fenêtre l'hiver, ou l'été sur le balcon,

9 **mozabite:** mozabitisch (Berberstamm).
11 **pérorer:** große Reden führen.
22 **débarrasser:** abräumen.

et regardait la circulation des trams, des voitures et des passants, qui se raréfiait peu à peu. C'était encore la grand-mère qui disait à Jacques qu'il fallait se coucher car il se levait à cinq heures et demie le lendemain matin, et il l'embrassait d'abord, puis l'oncle, et pour finir sa mère, qui lui donnait un baiser tendre et distrait, reprenant sa pose immobile, dans la pénombre, le regard perdu sur la rue et le courant de la vie qui s'écoulait inlassablement en contrebas de la berge où elle se tenait, inlassablement, pendant que son fils, inlassablement, la gorge serrée, l'observait dans l'ombre, regardant le maigre dos courbé, plein d'une angoisse obscure devant un malheur qu'il ne pouvait pas comprendre.

pp. 202–209

Les vacances et la chaleur

Le jeudi et le dimanche seulement, Jacques et Pierre retrouvaient leur univers (exception faite pour certains jeudis où Jacques était en colle, c'est-à-dire en retenue et devait (comme l'indiquait un billet de la surveillance générale que Jacques faisait signer à se mère après le lui avoir résumé par le mot punition) passer deux heures, de 8 à 10 h (et parfois quatre dans les cas graves), au lycée, effectuant dans une salle particulière au milieu d'autres

2 **se raréfier:** seltener werden.
7 **la pénombre:** Halbdunkel.
9 **inlassablement** (adv.): unaufhörlich.
la berge: Steilufer.
18 **la retenue:** Nachsitzen.

coupables, sous la surveillance d'un répétiteur généralement furieux d'être mobilisé ce jour-là, un pensum particulièrement stérile. Pierre, en huit ans de lycée, ne connut jamais la retenue. Mais Jacques, trop remuant, trop vaniteux aussi, et il faisait donc l'imbécile pour le plaisir de paraître, collectionnait les retenues. Il avait beau expliquer à la grand-mère que les punitions concernaient la conduite, elle ne pouvait faire la distinction entre la stupidité et la mauvaise conduite. Pour elle, un bon élève était forcément vertueux et sage; de même, la vertu conduisait tout droit à la science. C'est ainsi que les punitions du jeudi s'aggravaient, les premières années du moins, des corrections du mercredi).

p. 217

Les vacances aussi ramenaient Jacques à sa famille, du moins dans les premières années. Personne chez eux n'avait de congés, les hommes travaillaient sans répit, tout au long de l'année. Seul l'accident de travail, quand ils étaient employés par des entreprises qui les avaient assurés contre ce genre de risques, leur donnait du loisir, et leurs vacances passaient par l'hôpital ou le médecin. L'oncle Ernest par exemple, à un moment où il se sentait épuisé, s'était, comme il disait, «mis à l'assurance», en s'enlevant volontairement à la varlope un épais copeau de viande sur la paume de la main. Quant aux femmes,

2 **le pensum:** Strafarbeit
5 **vaniteux, se:** eitel.
10 **vertueux, se:** tugendhaft; hier: brav.
17 **sans répit** (*m.*): unaufhörlich.
24 **la varlope:** großer Hobel.
25 **la paume:** Handfläche.

et Catherine Cormery, elles travaillaient sans trêve, pour la bonne raison que le repos signifiait pour eux tous des repas plus légers. Le chômage, qui n'était assuré par rien, était le mal le plus redouté. Cela expliquait que ces ouvriers, chez Pierre comme chez Jacques, qui toujours dans la vie quotidienne étaient les plus tolérants des hommes, fussent toujours xénophobes dans les questions de travail, accusant successivement les Italiens, les Espagnols, les Juifs, les Arabes et finalement la terre entière de leur voler leur travail – attitude déconcertante certainement pour les intellectuels qui font la théorie du prolétariat, et pourtant fort humaine et bien excusable. Ce n'était pas la domination du monde ou des privilèges d'argent et de loisir que ces nationalistes inattendus disputaient aux autres nationalités, mais le privilège de la servitude. Le travail dans ce quartier n'était pas une vertu, mais une nécessité qui, pour faire vivre, conduisait à la mort.

Dans tous les cas, et si dur que fût l'été d'Algérie, alors que les bateaux surchargés emmenaient fonctionnaires et gens aisés se refaire dans le bon «air de France» (et ceux qui en revenaient ramenaient de fabuleuses et incroyables descriptions de prairies grasses où l'eau courait en plein mois d'août), les quartiers pauvres ne changeaient strictement rien à leur vie et, loin de se vider à demi comme les quartiers du centre, semblaient au contraire en voir augmenter leur population du fait que les enfants se déversaient en grand nombre dans les rues.

[…]

16 **la servitude:** Knechtschaft.

Ah oui, la chaleur était terrible, et souvent elle rendait fou presque tout le monde, plus énervé de jour en jour et sans la force ni l'énergie de réagir, crier, insulter ou frapper, et l'énervement s'accumulait comme la chaleur elle-même, jusqu'à ce que, dans le quartier fauve et triste, de-ci de-là, il éclatât – comme ce jour où, rue de Lyon, presque à la lisière du quartier arabe qu'on appelait le Marabout, autour du cimetière taillé dans la glaise rouge de la colline, Jacques vit sortir de la boutique poussiéreuse du coiffeur maure un Arabe, vêtu de bleu et la tête rasée, qui fit quelques pas sur le trottoir devant l'enfant, dans une étrange attitude, le corps penché en avant, la tête beaucoup plus en arrière qu'il ne semblait possible qu'elle soit, et en effet ce n'était pas possible. Le coiffeur, devenu fou en le rasant, avait tranché d'un seul coup de son long rasoir la gorge offerte, et l'autre n'avait rien senti sous le doux tranchant que le sang qui l'asphyxiait, et il était sorti, courant comme un canard mal égorgé, pendant que le coiffeur, maîtrisé immédiatement par les clients, hurlait terriblement – comme la chaleur elle-même pendant ces jours interminables.

pp. 236–239

7 **la lisière:** Rand.
8 **la glaise:** Lehm.
10 **maure:** maurisch.
15 **trancher:** (durch)schneiden.
18 **asphyxier:** ersticken.

Le travail des vacances

«L'été est trop long», disait la grand-mère qui accueillait du même soupir soulagé la pluie d'automne et le départ de Jacques, dont les piétinements d'ennui au long des journées torrides, dans les pièces aux persiennes closes, ajoutaient encore à son énervement.

Elle ne comprenait pas d'ailleurs qu'une période de l'année fût plus spécialement désignée pour n'y rien faire. «Je n'ai jamais eu de vacances, moi», disait-elle, et c'était vrai, elle n'avait connu ni l'école ni le loisir, elle avait travaillé enfant, et travaillé sans relâche. Elle admettait que, pour un bénéfice plus grand, son petit-fils pendant quelques années ne rapporte pas d'argent à la maison. Mais, dès le premier jour, elle avait commencé de ruminer sur ces trois mois perdus, et, lorsque Jacques entra en troisième, elle jugea qu'il était temps de lui trouver l'emploi de ses vacances. «Tu vas travailler cet été», lui dit-elle à la fin de l'année scolaire, «et rapporter un peu d'argent à la maison. Tu ne peux pas rester comme ça sans rien faire». En fait, Jacques trouvait qu'il avait beaucoup à faire entre les baignades, les expéditions à Kouba, le sport, le vadrouillage dans les rues de Belcourt et les lectures d'illustrés, de romans populaires, de l'almanach Vermot et de l'inépuisable catalogue de la Manufacture d'armes de Saint-Étienne. Sans compter les courses pour la maison et les petits travaux

4 **le piétinement:** Herumtrampeln.
5 **torride:** brennend heiß.
11 **sans relâche** (*m.*): pausenlos.
15 **ruminer:** wiederkäuen; hier: immer darüber nachdenken.
22 **le vadrouillage:** Herumstreichen.

que lui commandait sa grand-mère. Mais tout cela pour elle était précisément ne rien faire, puisque l'enfant ne rapportait pas d'argent et ne travaillait pas non plus comme pendant l'année scolaire, et cette situation gratuite qui brillait pour elle de tous les feux de l'enfer. Le plus simple était donc de lui trouver un emploi.
En vérité, ce n'était pas si simple. On trouvait certainement, dans les petites annonces de la presse, des offres d'emploi pour petits commis ou pour coursiers. Et Mme Bertaut, la crémière dont le magasin à l'odeur de beurre (insolite pour des narines et des palais habitués à l'huile) était à côté de la boutique du coiffeur, en donnait lecture à la grand-mère. Mais les employeurs demandaient toujours que les candidats eussent au moins quinze ans, et il était difficile de mentir sans effronterie sur l'âge de Jacques qui n'était pas très grand pour ses treize ans. D'autre part, les annonciers rêvaient toujours d'employés qui feraient carrière chez eux. Les premiers à qui la grand-mère (harnachée comme elle le faisait pour les grandes sorties, y compris le fameux foulard) présenta Jacques le trouvèrent trop jeune ou bien refusèrent tout net d'engager un employé pour deux mois. «Il n'y a qu'à dire que tu resteras, dit la grand-mère. – Mais c'est pas vrai. – Ça ne fait rien. Ils te croiront.» Ce n'était pas cela que Jacques voulait dire, et en vérité il ne s'inquiétait pas de savoir s'il serait cru ou non. Mais il lui semblait que cette sorte de mensonge

4 f. **gratuit, e:** hier: ohne Sinn.
10 **la crémière:** Milchhändlerin.
15 f. **une effronterie:** Dreistigkeit.
19 **harnaché, e:** in Schale, herausgeputzt.

s'arrêterait dans sa gorge. Certainement, il avait menti souvent chez lui, pour se préserver d'une punition, pour garder une pièce de 2 francs, et beaucoup plus souvent pour le plaisir de parler ou de se vanter. Mais si le mensonge lui paraissait véniel avec sa famille, il lui paraissait mortel avec les étrangers. Obscurément, il sentait qu'on ne ment pas sur l'essentiel avec ceux qu'on aime, pour la raison qu'on ne pourrait plus vivre avec eux alors ni les aimer. Les employeurs ne pouvaient connaître de lui que ce qu'on leur disait, et ils ne le connaîtraient donc pas, le mensonge serait total. «Allons-y», dit la grand-mère en nouant son foulard, un jour où Mme Bertaut lui avait signalé qu'une grosse quincaillerie de l'Agha demandait un jeune commis pour le classement. La quincaillerie se trouvait dans une des rampes qui montent vers les quartiers du centre; le soleil de la mi-juillet la rôtissait et exaltait les odeurs d'urine et de goudron qui montaient de la chaussée. Au rez-de-chaussée, se trouvait un magasin étroit mais très profond, partagé en deux dans le sens de la longueur par un comptoir couvert d'échantillons de pièces de fer et de loquets, et dont la plus grande partie des murs était garnie de tiroirs portant des étiquettes mystérieuses. [...] Le patron était en manches de chemise et le col ouvert,

4 **se vanter:** sich rühmen.
5 **véniel, le:** läßlich.
13 **la quincaillerie:** Eisenwarenladen.
14 **le classement:** Ablage, Einsortierung.
18 **le goudron:** Teer.
21 **le comptoir:** Ladentisch.
un échantillon: Muster.
22 **le loquet:** Türklinke.

dans son bureau suchauffé. [...] Il était court et gros, tenait ses pouces passés dans de larges bretelles bleu ciel et avait le souffle court. On ne distinguait pas bien le visage d'où sortit la voix basse et essoufflée qui invitait la grand-mère à s'asseoir. Jacques respirait l'odeur de fer qui régnait partout dans cette maison. L'immobilité du patron lui paraissait être celle de la méfiance, et il sentit ses jambes trembler à l'idée des mensonges qu'il faudrait faire devant cet homme puissant et redoutable. La grand-mère, elle, ne tremblait pas. Jacques allait avoir quinze ans, il fallait qu'il se fasse une situation, et qu'il débute sans tarder. Selon le patron, il ne paraissait pas ses quinze ans, mais s'il était intelligent ... et à propos, avait-il le certificat d'études? Non il avait la bourse. Quelle bourse? Pour aller au lycée. Il était donc au lycée? En quelle classe? Troisième. Et il abandonnait le lycée? Le patron était encore plus immobile, on voyait mieux son visage maintenant, et ses yeux ronds et laiteux allaient de la grand-mère à l'enfant. Sous ce regard, Jacques tremblait. «Oui, dit la grand-mère. Nous sommes trop pauvres.» Le patron se détendit imperceptiblement. «C'est dommage, dit-il, puisqu'il était doué. Mais on se fait de bonnes situations aussi dans le commerce.» La bonne situation commençait modestement, il est vrai. Jacques gagnerait 150 francs par mois pour huit heures de présence quotidienne. Il pouvait commencer

2 **les bretelles** *f.:* Hosenträger.
7 **la méfiance:** Mißtrauen.
18f. **laiteux, se:** milchig.
21 **se détendre:** sich entspannen.
21f. **imperceptiblement** (adv.): unmerklich.
22 **doué, e:** begabt.

demain. «Tu vois, dit la grand-mère. Il nous a crus. – Mais quand je partirai, comment lui expliquer? – Laisse-moi faire. – Bon», dit l'enfant résigné. Il regardait le ciel d'été au-dessus de leurs têtes et pensait à l'odeur de fer, au bureau plein d'ombres, qu'il faudrait se lever tôt demain et que les vacances à peine commencées étaient finies.

[...]

Elles étaient finies, en effet, bien que l'été fût le même qu'autrefois, avec sa chaleur, son ennui. Mais il avait perdu ce qui autrefois le transfigurait, son ciel, ses espaces, sa clameur. Jacques ne passait plus ses journées dans le quartier fauve de la misère, mais dans le quartier du centre, où le riche ciment remplaçait le crépi du pauvre en donnant aux maisons une couleur grise plus distinguée et plus triste.

pp. 240–244

Il voyait arriver avec soulagement les journées de douze heures du lycée, en même temps que grandissait en lui la gêne d'avoir à déclarer au bureau qu'il abandonnait son emploi. Le plus dur avait été la quincaillerie. Il aurait lâchement préféré ne pas aller au bureau et que la grand-mère y allât pour expliquer n'importe quoi. Mais la grand-mère trouvait tout simple de supprimer toutes les formalités, il n'avait qu'à toucher sa paie et ne plus y retourner, sans autre explication. Jacques, qui eût trouvé tout naturel d'envoyer sa grand-mère encaisser les foudres du patron, et dans un sens, il est vrai qu'elle était responsable de la situation et du mensonge qu'elle

21 **lâchement** (adv.): feige.
27 **la foudre:** Blitz; hier: Donnerwetter.

entraînait, s'indignait cependant, sans pouvoir expliquer pourquoi, devant cette dérobade; de surcroît, il trouva l'argument convaincant: «Mais le patron enverra quelqu'un ici.» «C'est vrai, dit la grand-mère. Eh bien, tu n'as qu'à lui dire que tu vas travailler chez ton oncle.» Jacques partait déjà avec la damnation au cœur, lorsque la grand-mère lui dit: «Et surtout prends d'abord ta paie. Tu lui parleras ensuite.» Le soir venu, le patron appelait chaque employé dans sa tanière pour lui remettre son salaire. «Tiens, petit», dit-il à Jacques en lui tendant son enveloppe. Jacques tendait déjà une main hésitante, quand l'autre lui sourit. «Ça marche très bien, tu sais. Tu peux le dire à tes parents.» Déjà Jacques parlait et expliquait qu'il ne reviendrait pas. Le patron le regardait stupéfait, le bras encore tendu vers lui. «Pourquoi?» Il fallait mentir, et le mensonge ne sortait pas. Jacques resta muet et avec un tel air de détresse que le patron comprit. «Tu retournes au lycée?» – Oui», dit Jacques, et au milieu de sa peur et de sa détresse un soulagement soudain lui mettait les larmes aux yeux. Furieux, le patron se leva. «Et tu le savais quand tu es venu ici. Et ta grand-mère aussi le savait.» Jacques ne put que dire oui de la tête. Les éclats de voix emplissaient maintenant la pièce; ils avaient été malhonnêtes, et lui, le patron, détestait la malhonnêteté. Est-ce qu'il savait qu'il avait le droit de ne pas le payer, et puis il serait bien bête, non

2 **la dérobade:** Drückebergerei.
9 **la tanière:** Bau (eines Tieres); hier: Höhle des Löwen.
11 **hésitant, e:** zögerlich.
15 **stupéfait, e:** verblüfft.
17 **la détresse:** Qual.
23 **un éclat de voix:** Gebrüll.

il ne le paierait pas, que sa grand-mère vienne, elle serait bien reçue, si on lui avait dit la vérité il l'aurait peut-être engagé d'ailleurs, mais ce mensonge, ah! «il ne peut plus aller au lycée, nous sommes trop pauvres» et il s'était laissé avoir. «C'est pour ça, dit soudain Jacques égaré. – Quoi, pour ça? – Parce que nous sommes pauvres», puis il se tut et ce fut l'autre qui, après l'avoir regardé, ajouta lentement: «... que vous avez fait ça, que vous m'avez raconté cette histoire?» Jacques, les dents serrées, regardait à ses pieds. Il y eut un silence, interminable. Puis le patron prit l'enveloppe sur la table et la lui tendit: «Prends ton argent. Va-t'en, dit-il brutalement. – Non», dit Jacques. Le patron lui fourra l'enveloppe dans la poche: »Va-t'en.» Dans la rue, Jacques courait, pleurant maintenant et les mains agrippées à son col de veston pour ne pas toucher l'argent qui lui brûlait la poche. Mentir pour avoir le droit de ne pas prendre de vacances, travailler loin du ciel de l'été et de la mer qu'il aimait tant, et mentir encore pour avoir le droit de reprendre son travail au lycée, cette injustice lui serrait le cœur à mourir.

pp. 249–251

13 **fourrer:** hineinstecken.
15 **agripper:** klammern.

Editorische Notiz

Der Text der Novelle *L'Hôte*, die zuerst 1957 in der Sammlung *L'Exil et le royaume* erschien, folgt der Ausgabe: Albert Camus, *Théâtre, récits, nouvelles*, Préface par Jean Grenier, Édition établie et annotée par Roger Quilliot, Paris: Gallimard, 1985 (Bibliothèque de la Pléiade, 161). Die Auszüge aus *Le Premier Homme* sind dem Band: Albert Camus, *Le Premier Homme*, Paris: Gallimard, 1994, entnommen; Textauslassungen sind durch Auslassungspunkte in eckigen Klammern gekennzeichnet. Zusätze des Herausgebers stehen ebenfalls in eckigen Klammern, Zusätze Catherine Camus', der Herausgeberin der Gallimard-Ausgabe, in spitzen Klammern. Die Kapitelüberschriften stammen vom Herausgeber. Die Seitenzahlen am Ende der Auszüge beziehen sich auf die Gallimard-Ausgabe.
Das Glossar enthält alle Wörter, die nicht im *Dictionnaire fondamental de la langue française* von Georges Gougenheim (Paris: Marcel Didier, 1958) verzeichnet sind. Im Zweifelsfall wurde großzügig verfahren, d.h. einerseits eher eine Vokabel mehr aufgenommen als dort vorgesehen, andererseits – bei auch im Deutschen verständlichen Begriffen – auf eine Erklärung verzichtet. Die beiden Texte sind unabhängig voneinander glossiert.

Im Glossar verwendete Abkürzungen

adv.	adverbe
arab.	arabe
arg.	argot
f.	féminin
fam.	familier (umgangssprachlich)
fig.	figuré (übertragen)

interj.	interjection (Ausruf)
m.	masculin
péj.	péjoratif (herabsetzend)
pop.	populaire (salopp)
qc	quelque chose
qn	quelqu'un
vulg.	vulgaire

Literaturhinweise

Textausgaben

Camus, Albert: Théâtre, récits, nouvelles. Préface par Jean Grenier. Édition établie et annotée par Roger Quilliot. Paris: Gallimard, [2]1985. (Bibliothèque de la Pléiade. 161.)
- Essais. Introduction par Roger Quilliot. Textes établis et annotés par Roger Quilliot et Louis Faucon. Paris: Gallimard, 1965. (Bibliothèque de la Pléiade. 162.)
- Carnets. Mai 1935 – février 1942. Paris: Gallimard, 1962.
- Carnets. Janvier 1942 – mars 1951. Paris: Gallimard, 1964.
- Carnets. Mars 1951 – décembre 1959. Paris: Gallimard, 1989.
- Le Premier Homme. Paris: Gallimard, 1994. (Cahiers Albert Camus. 7.)

Sekundärliteratur

Brée, Germaine: Albert Camus, Gestalt und Werk. Reinbek bei Hamburg 1961.

Cruishank, John: Albert Camus and the Literature of Revolt. London 1959.

Feldhoff, Heiner: Paris, Algier. Die Lebensgeschichte des Albert Camus. Weinheim 1991.

Gillessen, Herbert: Albert Camus. In: Französische Literatur der Gegenwart in Einzeldarstellungen. Hrsg. von Wolf-Dieter Lange. Stuttgart 1971. S. 213–236.

Kampits, Peter: Der Mythos vom Menschen. Zum Atheismus und Humanismus Albert Camus'. Salzburg 1968.

Lebesque, Morvan: Camus. Paris 1963.

Lévi-Valensi, Jacqueline (Hrsg.): Les critiques de notre temps et Camus. Paris 1970.

Lottman, Herbert R.: Camus – Eine Biographie. Hamburg 1986.

Maillard, Michel: Camus. Paris 1993.

Pieper, Annemarie: Camus. München 1984.
– (Hrsg): Die Gegenwart des Absurden. Studien zu Albert Camus. Tübingen/Basel 1994.
Pollmann, Leo: Sartre und Camus. Literatur der Existenz. Berlin 1967.
Rehbein, Jürgen: Albert Camus. Vermittlung und Rezeption in Frankreich. Über Bedingungen literarischen Erfolgs. Heidelberg 1978.
Sändig, Brigitte: Albert Camus. Eine Einführung in Leben und Werk. Leipzig 1992.
– Albert Camus. Reinbek bei Hamburg 1995. (Rowohlts Monographien. 544.)
Schlette, Heinz Robert (Hrsg.): Wege der deutschen Camus-Rezeption. Darmstadt 1975. (Wege der Forschung. 441.)
– Albert Camus: Welt und Revolte. Freiburg i. Br. / München 1980.
Thody, Philip: Albert Camus. Frankfurt a. M. 1964.
Todd, Olivier: Albert Camus: une vie. Paris 1996.

Barny, Roger: Une lecture de *L'Hôte* de Camus. In: Hommages à Jacques Petit. Hrsg. von Michel Malicet. Paris 1985. S. 812–833.
Griem, Eberhard: Camus' *The Guest.* A Look at the Prisoner. In: Studies in Short Fiction 30 (1993) S. 95–98.
Hurley, D. F.: Looking for the Arab. Reading the Readings of Camus' *The Guest.* In: Studies in Short Fiction 30 (1993) S. 79–93.
Inzé Armstrong, Marie Sophie: Une lecture onomastique de *L'Hôte.* In: La Revue des Lettres modernes 985–992 (1991) S. 115–137.
Pelz, Manfred: Die Novellen von Camus. Freiburg i. Br. 1973.

Guerin, Jeanyves: Des *Chroniques algériennes* au *Premier homme.* Pour une lecture politique du dernier roman de Camus. In: Esprit 211 (Mai 1995) S. 5–16.
Sarocchi, Jean: Le dernier Camus ou *Le premier homme*. Paris 1995.

Nachwort

Als Albert Camus am 7. November 1913 in der algerischen Stadt Mondovi geboren wird, ist das Land eine französische Kolonie. Sein Vater, Lucien Camus, arbeitet in der Landwirtschaft, im Weinbau. Seine Mutter, Catherine Sintès, ist eine gebürtige Spanierin. Als der Erste Weltkrieg ausbricht, wird der junge Vater sofort eingezogen und auf das Schlachtfeld im Mutterland Frankreich geschickt. Nach kurzer Zeit erleidet er in der Marneschlacht Kopfverletzungen durch Granatsplitter, die den Tod nach sich ziehen. Er stirbt, erst 29 Jahre alt, am 11. Oktober 1914. Camus hat seinen Vater nie kennengelernt.

Die Mutter ist schon mit Kriegsbeginn zu ihrer Mutter nach Algier gezogen, in das Stadtviertel Belcourt, ein Viertel der Arbeiter und kleinen Leute, wo sie nun mit ihren beiden Kindern Lucien und Albert in sehr eingeschränkten, beengten Wohnverhältnissen lebt, in einer ärmlichen Dreizimmerwohnung ohne fließendes Wasser, ohne Strom, ohne Küche und Herd. Unter demselben Dach wohnen noch zwei Onkel von Albert und Lucien. Catherine Camus hat keinen festen Lebensunterhalt, ist beinahe mittellos. Sie ist übrigens so gut wie taub, und da sie nie eine Schule besuchen durfte, kann sie weder lesen noch schreiben, in der Wohnung gibt es nicht ein einziges Buch. Catherine Camus versucht, so gut es eben geht, ihre Söhne und sich selbst durchzubringen, indem sie in anderen Häusern putzt und Gelegenheitsarbeiten übernimmt. Der Familie steht die Großmutter vor, eine sehr autoritäre Frau.

Camus ist also in einer Umgebung groß geworden, die Welten trennen von dem eleganten großbürgerlichen Pariser Milieu, in dem zur selben Zeit zum Beispiel sein späterer Freund, aber auch erbitterter Kritiker Jean-Paul Sartre aufwächst und sein ganzes Leben lang verkehrt. Sein Werdegang, besonders aber sein Erfolg als Philosoph und Schriftsteller öffnen später auch Camus die Türen zu dieser Welt, doch wird er seine Herkunft

und die Umgebung seiner Kindheit nie vergessen: eine Existenz in Armut, aber in Licht und Sonne seiner algerischen Heimat.
In der Grundschule wird er sehr gefördert von seinem verständnisvollen Lehrer, Louis Germain, welcher Großmutter und Mutter die Erlaubnis abringt, das Kind eine weiterführende Schule besuchen zu lassen. Eigentlich sollte Albert so schnell wie möglich einen Beruf erlernen, um zum Lebensunterhalt der Familie beizutragen. Dieser väterliche Freund, der die hinterbliebenen Kriegswaisen der Väter seiner Generation besonders ins Herz geschlossen hat, erteilt Albert und einigen anderen Kindern der Klasse unentgeltlich zusätzlichen Unterricht. Er bereitet sie so auf eine Prüfung vor, von deren Bestehen die Bewilligung eines Stipendiums abhängt, das den Besuch einer weiterführenden Schule ermöglichen wird. Gymnasiale Schulbildung ist in jener Zeit noch ein Privileg der Wohlhabenden.
Auf dem Gymnasium von Algier kann der Junge seine Begabung entfalten, seine Leistungen sind brillant. Dabei ist er gleichzeitig ein begeisterter Fußballspieler, der lange Jahre als Tormann der Schulmannschaft an unzähligen sportlichen Begegnungen teilnimmt. Eine weitere Leidenschaft, das Lesen, entwickelt sich, wenn er bei einem seiner Onkel zu Besuch ist, übrigens einem Metzger mit ausgeprägten literarischen und philosophischen Interessen, der tagsüber lange Stunden in Cafés politisiert und philosophiert. Bei ihm entdeckt Camus seine literarischen Interessen, so zum Beispiel die Werke André Gides. Eine weitere Entdeckung ist die Philosophie, ein Neuland, das er unter Anleitung seines Lehrers Jean Grenier erkundet, dessen Freund Camus sein Leben lang bleiben wird.
Aber in diese hoffnungsvolle Zeit fällt ein dunkler Schatten. Ende 1930 erkrankt der gerade 17jährige schwer an Tuberkulose, einer Krankheit, die in der damaligen Zeit nicht wirklich behandelt werden kann. Ob ihm schon damals das Janusgesicht der Welt zum Bewußtsein kommt, das er später in mehr

als einem seiner Werke darstellt, als unversöhnliches Nebeneinander von Sonne und Todesdrohung? Er muß sich schonen, wiederholt ein Schuljahr – und genießt ein weiteres Jahr Philosophieunterricht bei Jean Grenier. Dieser fördert die außerordentlichen Talente seines Schülers nach Kräften und spielt sicher eine entscheidende Rolle in dessen Lebensweg. Durch ihn entdeckt Camus seine journalistische und schriftstellerische Begabung, durch Greniers Vermittlung erscheinen seine ersten Artikel in der Zeitschrift *Sud*.
Nach dem Abitur studiert Camus Philosophie, als junger Student tritt er der antifaschistischen Bewegung Amsterdam-Pleyel bei, die von Henri Barbusse und Romain Rolland ins Leben gerufen wurde. Man überträgt ihm die Leitung einer Gruppe in Algier, im Viertel Belcourt. 1935 wird er Mitglied der Kommunistischen Partei. Während seiner (geheimen) Mitgliedschaft ist er mit der Werbung neuer Mitglieder betraut, und zwar unter der arabischen Bevölkerung. Er entdeckt auf diese Weise eine Welt, die den meisten Algerienfranzosen völlig verschlossen bleibt oder von der sie jedenfalls nichts wissen wollen. Aus tagespolitischen Gründen verweigert sich jedoch die französische KP in kompletter Umkehrung ihrer vorigen Strategie jeglicher Unterstützung der antikolonialistischen Bestrebungen, für sie steht der Kampf gegen Hitlerdeutschland und den Nationalsozialismus und die Unterstützung der Sowjetuntion an erster Stelle. Frankreich soll nicht geschwächt werden … Von heute auf morgen sieht sich Camus in seinen Bemühungen desavouiert, den Interessen der algerischen Einwohner die Unterstützung der KPF zu verschaffen. Camus, der nie ein überzeugter Marxist war und die taktischen Winkelzüge der Partei mit kritischer Illusionslosigkeit verfolgt, bleibt seinen Überzeugungen treu und weigert sich, in der Frage des Antikolonialismus nachzugeben. Er wird 1937 aus der Kommunistischen Partei ausgeschlossen.
Neue Erfahrungen kommen hinzu: Nach seiner (ersten) Heirat 1934 muß er, da die Familie seiner Frau nichts von dieser Verbindung hält und jede Unterstützung verweigert, die verschie-

densten Tätigkeiten ausüben, um den gemeinsamen Lebensunterhalt zu verdienen und sein Studium zu finanzieren. Seine Frau, Simone Hié, ist eine vielbeachtete Schönheit, die jedoch nach längerer Drogenabhängigkeit immer deutlicher Zeichen geistiger Zerrüttung erkennen läßt. In dieser Zeit entstehen Novellen, die er später überarbeitet und unter dem Titel *L'Envers et l'Endroit* veröffentlicht.
Nach wie vor leidet Camus spürbar unter seiner Krankheit. Gleichwohl scheint seine Kraft unerschöpflich. Im Jahr seines Abschlußexamens (1936) gründet er das *Théâtre du Travail.* Zusammen mit drei Freunden verfaßt er u.a. ein Theaterstück (*Révolte dans les Asturies*), dessen Aufführung wegen seiner ›revolutionären‹, in Wahrheit jedoch eher antifaschistischen Tendenz vom Bürgermeister der Stadt sogleich verboten wird. Nach dem Bruch mit der Kommunistischen Partei, der auch die Auflösung des Ensembles mit sich bringt, gründet Camus das *Théâtre de l'Équipe*, das bis 1939 bestehen bleibt.
Er wird als Schauspieler Mitglied des Ensembles von *Radio-Alger*, das regelmäßig Tourneen durch Städte Algeriens unternimmt. 1937 gründet er eine Art Kulturhaus, dessen Leiter er einige Zeit bleibt. In dieser Zeit entsteht *La Mort heureuse*, ein Werk, das er allerdings nicht abschließt, statt dessen beginnt Camus, sich mit dem *Étranger* zu befassen.
Eine Karriere zeichnet sich ab: Camus könnte ein höheres Lehramt ausüben, wie z.B. sein geschätzter Philosophie-Professor und Freund Jean Grenier oder wie Jean-Paul Sartre, der bekannte Philosoph und zeitweilige Freund, wie auch Simone de Beauvoir, dessen Gefährtin. Aber seine Krankheit läßt diesen Weg nicht zu.
Im Jahre 1938 tritt er der Redaktion der Zeitung *Alger républicain* bei, als Reporter, Redakteur und Kommentator. Seine Artikel und Umfragen über das Elend breiter Schichten der Bevölkerung lassen aufhorchen, Camus zieht sich harsche Kritik und Feindseligkeiten zu. Er beginnt *Caligula*, bereitet einen Essay über das Absurde vor, macht sich Notizen über einen »Mann, der als Fremdling durch sein eigenes Leben geht«,

bespricht als Literaturkritiker Sartres Roman *La Nausée*. Inzwischen ist *Noces* erschienen.

Die internationale Lage wird immer gespannter, der Beginn des Zweiten Weltkrieges zeichnet sich ab. Als die politische Zensur und einseitige Lenkung im Pressewesen unerträglich wird, provoziert die Zeitung *Alger républicain*, in der Zwischenzeit aus taktischen Gründen als *Soir républicain* neugegründet, ihr eigenes Verbot (1940), um sich nicht selbst auflösen zu müssen. Camus, dessen unbestechlich kritische Grundhaltung bekannt ist, findet in Algerien keine neue Stelle als Journalist.

Er begibt sich nach Paris, wo ein Freund ihn zu *Paris-Soir* vermittelt, einer Zeitung mit großer Auflage, die jedoch mehr oder weniger der Sensationspresse zuzuordnen ist. Camus arbeitet dort übrigens nicht als Journalist, sondern im Umbruch. Daß er bei seiner Arbeit aus mehr als einem Grund wenig Befriedigung findet, läßt sich denken.

Der Schriftsteller schließt seinen Roman *L'Étranger* ab, und da Paris inzwischen von der deutschen Wehrmacht besetzt ist, beginnt für ihn eine monatelange Odyssee durch Frankreich: Verlag und Redaktion von *Paris-Soir* werden zuerst nach Clermont-Ferrand, dann nach Lyon ausgelagert. In dieser Zeit heiratet Camus in zweiter Ehe Francine Faure, die wie er aus Algerien stammt. Als der Journalist und Schriftsteller von der ums materielle Überleben kämpfenden Tageszeitung entlassen wird, bleibt nur der Weg zurück nach Algerien, wo er sich in Oran niederläßt. 1942 schließt er dort *Le Mythe de Sisyphe* ab und beginnt, an *La Peste* zu arbeiten. 1942, noch unter deutscher Besatzung, erscheint *Le Mythe de Sisyphe* in Paris, ebenso *L'Étranger*.

Währenddessen ist Camus in die Résistance eingetreten, und zwar arbeitet er mit an der Untergrundzeitung *Combat*, für die er Artikel schreibt. Ein längerer krankheitsbedingter Aufenthalt in Frankreich schließt sich an. Da gerade während dieser Zeit die Alliierten in Nordafrika landen, sind die Verkehrswege unterbrochen, und Camus wird bis zum Kriegsende von seiner

Frau getrennt, was – wie so vieles aus seinem Lebensweg – einen literarischen Niederschlag findet in *La Peste*: Auch Doktor Rieux widerfährt eine solche Trennung von seiner geliebten Frau.
Camus geht zurück nach Paris und nimmt eine Stellung als Lektor im Verlagshaus Gallimard an. Er stellt das Theaterstück *Le Malentendu* fertig, das 1944 uraufgeführt wird. Im gleichen Jahr trifft er Jean-Paul Sartre, der ihm die Inszenierung von *Huis Clos* übertragen möchte. Im August desselben Jahres wird Paris befreit und *Combat* erscheint als reguläre Zeitung. Camus ist einer der beiden Chefredakteure.
Nach dem Krieg arbeitet Camus weiterhin als Journalist. Er recherchiert in Algerien, um über den Aufstand von Sétif und dessen Niederschlagung zu berichten, die Atombombenabwürfe über Hiroshima und Nagasaki entsetzen ihn zutiefst.
1947 veröffentlicht Camus seinen größten Roman, *La Peste*, der ihn mit einem Schlag berühmt macht. 1949 wird *L'État de siège* aufgeführt, die Theaterfassung von *La Peste*, ebenso *Les Justes*. Gesundheitliche Gründe zwingen ihn zur Schonung, er verfaßt in dieser Zeit jedoch seinen großen philosophischen Essay *L'Homme révolté*. Die Veröffentlichung des Werkes im Jahr darauf löst eine heftige und langanhaltende Auseinandersetzung in Intellektuellenkreisen aus. Ein Bruch mit den Existentialisten um Sartre wird unausweichlich und folgt 1952. Camus ist tief getroffen von Stil und Inhalt der Angriffe auf sein Werk und seine Person.
Nach einigen Monaten literarischer und dramaturgischer Tätigkeit konzentriert sich Camus mehr und mehr auf politische Fragen, ganz besonders engagiert er sich für eine friedliche Lösung der Algerienkrise, die für den in Algerien geborenen Franzosen eine persönliche Tragödie darstellt. Er begibt sich nach Algier, wo er sich, allerdings vergeblich, um einen Waffenstillstand zwischen den sich unversöhnlich gegenüberstehenden Gruppen bemüht. Sein Werk *La Chute*, erschienen 1956, spiegelt unter anderem die vergeblichen Bemühungen und die tiefe Enttäuschung des Autors wider.

1957 veröffentlicht Camus noch eine Sammlung von Novellen, *L'Exil et le Royaume*, ferner, in Zusammenarbeit mit Arthur Koestler, die *Réflexions sur la peine capitale*. Im Herbst desselben Jahres wird Albert Camus der Nobelpreis zuerkannt. Er ist mit 44 Jahren einer der jüngsten Schriftsteller, die je diesen Preis erhalten haben. Seine Rede anläßlich der Verleihung des Preises widmet Camus seinem verehrten und geliebten Lehrer, Louis Germain, dem selbstlosen Pädagogen, der ihm zu einem Stipendium und damit zu einer gründlichen Schulbildung verholfen hatte, die dem späteren Schriftsteller und Philosophen den weiteren Lebensweg eröffnete.

Das letzte Werk, an dem Albert Camus arbeitet, *Le Premier Homme*, bleibt unvollendet. Am 4. Januar 1960 rast der Wagen seines Freundes Michel Gallimard, mit dem der Autor nach Paris unterwegs ist, mit überhöhter Geschwindigkeit gegen einen Baum. Albert Camus wie auch sein Verleger sind auf der Stelle tot. In Camus' Manteltasche findet sich eine Eisenbahnfahrkarte nach Paris. Er hatte die Einladung seines Freundes nicht ablehnen wollen.

Camus widersetzt sich als Philosoph und Schriftsteller konsequent jeder Art von totalitärem Denken und somit allen Bestrebungen, die sich aus ideologischem Absolutheitsanspruch ergeben. »Wenn es eine Partei jener Menschen gäbe, denen nichts gewiß ist, würde ich ihr angehören«, antwortet er, als er Ende der fünfziger Jahre nach seinem Standpunkt im Konflikt um Algerien gefragt wird. Utopien, die der Menschheit glänzende Perspektiven zu eröffnen vorgeben – um den ›kleinen‹ Preis einer grausamen Gegenwart – sind seine Sache nicht. In seinem Revolutionsdrama *Les Justes* läßt der Schriftsteller seine Gestalt Kaliayev sagen: »Ich liebe die Menschen, die heute auf derselben Erde leben wie ich, sie grüße ich. Für sie kämpfe ich, für sie bin ich auch zu sterben bereit. Und für eine unsichere, zukünftige Welt werde ich meine Brüder nicht ins Gesicht schlagen.«

Als Camus mehr und mehr dunkle Seiten an Stalins Sowjetunion wahrnimmt und nicht zögert, sie in aller Öffentlichkeit anzuprangern, zieht er sich die erbitterte Feindschaft seines langjährigen Freundes Jean-Paul Sartre zu, der zusammen mit anderen Publizisten Camus in der Zeitschrift *Les Temps Modernes* in beleidigender Weise herabwürdigt und als ›Verräter‹ an der bisher gemeinsamen Sache verächtlich macht. Kritik am sozialistischen Lager ist unter dem Diktat der damaligen linksintellektuellen Meinungsführer nicht opportun.

Camus' Denken ist zutiefst am Mitmenschen orientiert, es ist eine Philosophie der entschiedenen Sinngebung in einer dem Menschen wo nicht feindlich so doch fremd und kalt gegenüberstehenden Welt. »Absurd« nennt er die Stellung des Menschen in einer Welt, die seine Sehnsucht nach Geborgenheit und Wärme nicht aufnimmt und erwidert. Was gibt dem Menschen das Bewußtsein eigener Würde, wenn nicht die ›Revolte‹ gegen ebendiese Absurdität der eigenen Existenz und ihres Leidens? »Ich werde mich bis in den Tod hinein weigern, eine Schöpfung zu lieben, in der Kinder gequält werden«, entgegnet am Sterbebett eines pestkranken Kindes Doktor Rieux, die zentrale Gestalt der *Pest*, dem Geistlichen Paneloux auf die Vorhaltung, man solle vielleicht lieben, was nicht zu begreifen sei.

Es macht mit die Größe dieses Philosophen aus, daß er sich der Vorläufigkeit, ja sogar Vergeblichkeit aller Bemühungen bewußt bleibt, das Leiden des Menschen in und an der Welt zu heilen. »Er wollte schlicht schildern, was man in den Heimsuchungen lernen kann«, heißt es am Ende der *Pest* von Doktor Rieux, der die Chronik der Seuche verfaßt hat, »nämlich, daß es an den Menschen mehr zu bewundern als zu verachten gibt. Und doch wußte er, daß dies nicht die Chronik des endgültigen Sieges sein konnte. Sie konnte nur das Zeugnis dessen sein, was man hatte vollbringen müssen und was ohne Zweifel noch alle jene Menschen vollbringen müssen, die [...] gegen die Herrschaft des Schreckens und seine unermüdliche Waffe ankämpfen, die Heimsuchungen nicht anerkennen wollen, keine Heiligen sein können und sich dennoch bemühen, Ärzte

zu sein. [...] Denn er wußte [...], daß der Pestbazillus niemals ausstirbt oder verschwindet.«
Es ist hier nicht der Ort, ausführlicher auf Camus' Werke einzugehen, doch soll wenigstens verwiesen werden auf *Le Mythe de Sisyphe*, wo dieser Gedanke an der Gestalt des Sisyphos verdeutlicht wird. Die Sagengestalt der griechischen Antike wurde bekanntlich von den Göttern zur schlimmsten aller denkbaren Strafen verdammt, zu vergeblichem Bemühen im vollen Bewußtsein seiner Sinnlosigkeit. »Man muß sich Sisyphos glücklich vorstellen«, so Camus.

Hauptgestalt der Novelle *L'Hôte*, die in Camus' geliebter Heimat Algerien spielt, ist Daru, ein Grundschullehrer. Er unterrichtet allein, weitab aller größeren Siedlungen, unter einfachsten Bedingungen und lebt wie die Menschen, deren Kinder seine Schule besuchen. Gleichzeitig ist ihm die Aufgabe übertragen, in dieser Zeit der Dürre Lebensmittel zu verteilen, die ihm von der Kolonialmacht überlassen werden.
Eines Tages wird ihm von einem Vertreter der Behörden, dem Gendarmen Balducci, ein Gefangener übergeben, ein Araber, der getötet hat und zur Aburteilung in die nächstgrößere Siedlung gebracht werden soll. Daru teilt seine einfache Nahrung mit ihm und gewährt ihm, so gut es geht, seine Gastfreundschaft (daher der Titel). Dabei verabscheut er das »idiotische Verbrechen«, das der ›Gast‹ begangen hat, als Beispiel für die Bösartigkeit, den Blutdurst der Menschen allgemein. Und doch befreit er ihn von seinen Fesseln, legt seine Waffe beiseite und entschließt sich, ihn nicht auszuliefern: »ihn auszuliefern ging gegen seine Ehre«. Nur eine Lösung bietet sich ihm an: der Araber selbst soll sich entscheiden für Freiheit oder Gefängnis (und damit Anerkennung universell geltender menschlicher Maßstäbe). Daru versieht ihn mit Proviant, führt ihn ein Stück des Weges, bis dieser sich gabelt, und, so muß man es wohl ausdrücken, liefert ihn seiner eigenen existentiellen Entscheidung aus.
Die Menschen, denen er so lange Autorität, Vertrauensperson

und Helfer gewesen ist, verstehen nicht, was er getan hat. »Du hast unseren Bruder ausgeliefert. Du wirst dafür bezahlen«, steht, als er zurückkommt, an der Tafel seines Klassenzimmers, das ihm nun keine Geborgenheit mehr bieten wird.

Le Premier Homme ist der Titel des letzten Werkes, an dem Albert Camus arbeitet, als er am 4. Januar 1960 ums Leben kommt. Das Manuskript findet sich in seiner Reisetasche, die er bei sich führt. Es umfaßt 144 schwer lesbare, handgeschriebene Seiten, teilweise ohne Interpunktion. Der groß angelegte, jedoch unvollendete autobiographische Romanentwurf läßt nur sehr weiträumige immanente Zusammenhänge erkennen, der Duktus ist verständlicherweise eher subjektiv-assoziativer als objektiv-chronologischer Natur, auch wenn viele Passagen als Rückblenden dem unbefangenen Leser durchaus am Platze oder jedenfalls verständlich erscheinen mögen. Indes bestehen starke Disproportionen, was Länge und Ausgestaltung mancher Teile betrifft. Es handelt sich erkennbar um eine erste, unvollständige, vom Verfasser nicht durchgesehene Fassung.
Sie wurde 1994 von Catherine Camus in behutsam überarbeiteter Form bei Gallimard herausgegeben mit einem Anhang, der auch stichwortartige oder nur kurz ausgeführte Anmerkungen sammelt, die das Manuskript verstreut enthielt, sowie Konzeptnotizen zur Gliederung des Buches u. a. m. Die Gallimard-Ausgabe folgt im ganzen getreu dem vorgefundenen Text, läßt demnach, unfertig wie dieser ist, keine schlüssige Gliederung erkennen; er entspricht sicherlich nicht der für die endgültige Veröffentlichung vorgesehenen Form. Zahlreiche Anmerkungen und Querverweise des Autors legen diesen Schluß zwingend nahe.
Bei der Vorbereitung dieser Ausgabe stellte sich die Frage: Sollte die Original-Abfolge beibehalten werden, mit allen Sprüngen und Brüchen? Dies hätte angesichts des gekürzten und damit noch unzusammenhängenderen Textes die Lektüre beträchtlich erschwert. Statt dessen wurden die gewählten Ausschnitte in thematisch zusammenhängender Anordnung wie-

dergegeben, wobei jedoch Elemente der Offenheit, z.B. der wiederholten Rückblende, beibehalten wurden, um den Text nicht zu sehr zu ›glätten‹ und einen Eindruck von der Originalgestalt des Werkes zu vermitteln.
Was die Auswahl der Textstellen betrifft, erschien es legitim, diese nach Gesichtspunkten auszuwählen und zu ordnen, die im Hinblick auf andere vielgelesene Werke von Albert Camus Zusammenhänge zu schaffen vermögen, insbesondere hinsichtlich der wechselseitigen Erhellung der Texte bei der Behandlung und Interpretation im Unterricht, aber auch für den Leser, der über die im gleichen Bändchen veröffentlichte Novelle *L'Hôte* den Autor erst kennenlernt.
Albert Camus und Algerien: ein Autor, ein Land, eine Jugend – so könnte der Untertitel der Textauswahl aus *Le Premier Homme* lauten. Mehrere thematische Einheiten wurden behutsam zusammengefaßt: französische Siedler in Algerien, die Kolonisierung des Landes am Beispiel einer Familie, im Rückblick auch in der historischen Dimension. Es folgt die Geschichte einer Kindheit in Algerien, einer Kindheit ohne Vater und in Armut. Sodann stellt die Textauswahl ausführlich die Gestalt der Mutter dar, erzählt von der Schulzeit des Kindes. Textauszüge stellen die prägende Figur des Grundschullehrers vor, eines außergewöhnlichen Mannes, der zugleich auf sympathische Art eine erzfranzösische Institution verkörpert, nämlich die laizistische Schule der Republik. Berichtet wird schließlich vom weiteren schulischen Werdegang des Autors, aber auch von seiner Beziehung zu dem Land und seiner zuweilen (auch im Wortsinn) mörderischen Sonne.

Karl Stoppel

Inhalt